ママにお任せ！ かわいい！ 節約！ スピーディ！
家中みんなの簡単ヘアカット

ヘア＆メイクアップ・アーティスト
監修 市川良子

アーク出版

はじめに

自分の髪を切ったり、家族の髪を切ってあげたときの失敗といえば、
「思ったより切りすぎちゃった！」。これが一番多いのではないでしょうか。
自宅でヘアカットをしたい皆さんに、まず私が伝えたいことは、
カット技術が必要なむずかしいことはプロの美容師さんに任せて
自分ができるポイントだけをやりましょう！ ということです。
伸びた前髪やえり足、耳まわりをすっきりさせる、
髪型キープのためのヘアカット。
これが本書で紹介するヘアカットのポイントです。
プロのテクニックやコツをアレンジして、カットの知識がなくても
実践できる、"手軽に""失敗しない"カットのやり方を、
いろんな髪型で紹介しています。
伸びた分だけカットする。あせらず少しずつカットする。
シンプルなことですが、おしゃれにかわいく仕上がるコツを
ぜひ覚えてください！

ヘア＆メイクアップ・アーティスト
市 川 良 子

CONTENTS

ヘアカットの基本レッスン
- 4 ヘアカットに必要な道具
- 5 ヘアカットのセッティング
- 6 道具の使い方

STEP 1
部分カットの基本レッスン
- 9 ブロッキング
- 12 女の子の前髪カット
- 16 男の子の部分カット

STEP 2
子どものトータルカット
- 21 ベビーのすっきりカット
- 22 女の子のさわやかショート
- 26 女の子の内巻きボブ
- 30 女の子のさらさらロング
- 34 女の子のお姉さん風レイヤー
- 38 男の子のわんぱく刈り上げショート
- 42 男の子のクール系短めショート
- 46 男の子のアイドル系長めショート

STEP 3
おとなのヘアカット
- 51 パパのさっぱりカット
- 54 ママの前髪カット・バリエーション

EXTRA
かんたんおしゃれヘアアレンジ
- 59 アイロンアレンジ①ママ編
- 60 アイロンアレンジ②女の子編
- 61 内巻きボブのアレンジ
- 62 レイヤーのアレンジ
- 63 ワックスアレンジ

BASIC LESSON OF HAIRCUT!
ヘアカットの基本レッスン

ここでは実際に髪にハサミを入れる前に覚えておきたいことを紹介します。おうちで髪をカットするために必要な道具ぞろえやその使い方など、すべてのヘアカットに共通するプロのコツをマスターしましょう！

[1] ヘアカットに必要な道具

専用のものをそろえたいのはカットの出来ばえを決めるハサミとコーム！
それ以外はどれも家庭で用意できるものや代用できるものです。

髪のカットのための道具

ハサミ
ヘアカット専用のものは切れ味がよく、髪を傷めずカットもスムーズにできます。

スキバサミ（セニングバサミ）
髪の毛の量をすいて減らすときや、仕上げのカットに使います。

コーム
歯と歯の間がせまい密歯（みつば）と広い粗歯（あらば）にわかれたものがおすすめ。髪の量によって使いわけができます。

バリカン
コードレスタイプや長さ別にアタッチメントを選べるタイプがおすすめ。

ダッカール
髪を切るとき、余分な髪をまとめておくときに使います。100円ショップなどで購入できます。

ドライヤー
濡らして切ったときの乾燥や仕上げのブローのときに活躍。

霧吹き
髪をぬらして切るときの水スプレー用。家庭用でOKです。

タオル
首まわりに巻いて切った毛くずが服の中に入るのを防止します。

その他の道具

・カットされる人・

ケープ
ごみ袋やレジャーシートなどで代用OK。

すりばち型ケープ
毛くずが散らからず後片付けが楽!

・カットする人・

エプロン
毛くずがつきにくい素材がおすすめ。

・毛くず対策グッズ・

スリッパ
ガムテープ
新聞紙

床に新聞紙を広げて敷き、カットする人はスリッパを忘れずに。洋服についた毛くずはガムテープで取って!

【2】ヘアカットのセッティング

髪をカットする人と、される人のための準備です。理・美容室ではおなじみのプロのやり方を覚えると、おうちカットがよりスムーズにできます。

ケープを巻く

01 フェイスタオル（以下タオル）の上端をきれいに少し折ります。

02 折り目を上にしてタオルを前から左肩にかけます。

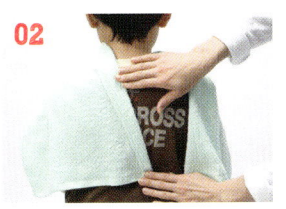

03 右肩にタオルをかけて重ねます。

04 タオルの両端をきれいに重ねるとケープもぴたっとくっつきます。

05 タオルが少しはみ出るようにケープを巻きます。

06 息苦しくならないように首まわりに指1本分のすき間を作ります。

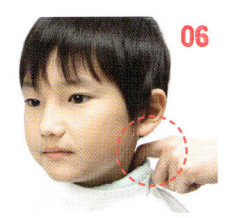

07 でき上がり!

カットの姿勢

バックのカット　**前髪のカット**
切る部分の正面に立ち、カットラインと切る人の目線ができるだけ平行になるように立ちます。

✕ 体をねじったままだと正確なカットができません。

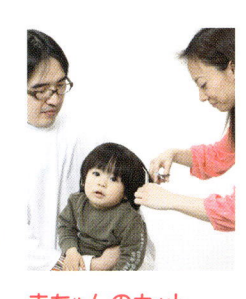

赤ちゃんのカット
じっとしてくれない赤ちゃんはパパが抱っこしてカット。パパはケープを忘れずに!

BASIC LESSON OF HAIRCUT!

ヘアカットの基本レッスン

【3】道具の使い方

髪をきれいにスムーズにカットするために、ハサミやコームなど道具の基本的な使いかたを覚えましょう。

ハサミを使う

•持つ•

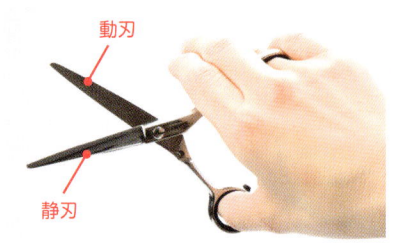

動刃
静刃

ネジがある側が正面。利き手の薬指を静刃の穴、親指を動刃の穴に入れて、小指を小指掛けに乗せます。

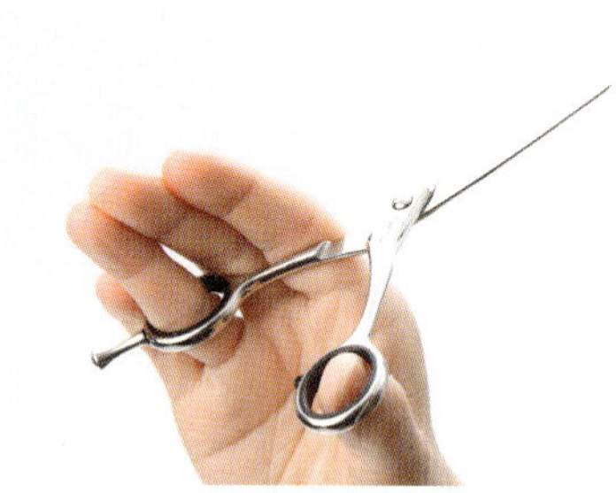

薬指は第2関節あたりまで、親指は指先を軽く入れます。

•切る•

静刃は動かさず動刃だけを動かしてカットします。リズミカルに動かせるように、静刃を反対側の中指に乗せて安定させ、親指だけを動かす練習をしましょう。

ダッカールを使う

髪をとかして毛束をねじります。  → 毛束を上にねじり上げます。 → 毛束の根元をダッカールで留めます。 → でき上がり。

6　家中みんなの簡単ヘアカット

コームを使う

•髪をとかす•

軽く頭を押さえ、頭皮に対して90〜120度になるようにコームを入れます。頭の形に沿ってとかします。

NG

コームを寝かせない。髪の表面しかとかせません。

•持ちかえる•

コームを入れてスーッと下ろし、カットしたいラインで止めます。

中指と人差し指で毛束をはさみます。

コームを左手親指の付け根ではさんで、右手から持ちかえます。

コームを左手に持ち、右手に持ちかえたハサミで切ります。

カットのしかた

ハサミを縦に入れてカット
毛先に軽さを出したいとき。

ハサミを横に入れてカット
まっすぐなラインを出したいとき。

コームを添えてカット
髪が短くて指ではさめないときはコームですくってカット。

STEP 1
部分カットの基本レッスン

レッスン
＊ブロッキング＊

女の子の前髪カット
＊まっすぐカット＊
＊長さをかえず軽くする＊
＊ふぞろいカット＊

男の子の部分カット
＊前髪すっきりカット＊
＊耳まわりのカット＊
＊もみ上げのカット＊
＊えり足のカット＊

1 ブロッキング

STEP 1

カットするときは、切りたい部分の髪をきちんと取れるように余分な髪をブロックごとにまとめましょう。

【 頭の各部の名称 】

本書では髪を切る部分を示すときに、次のような用語を使って説明しています。
理・美容室でもよく耳にする用語ですので、覚えておくと便利ですよ！

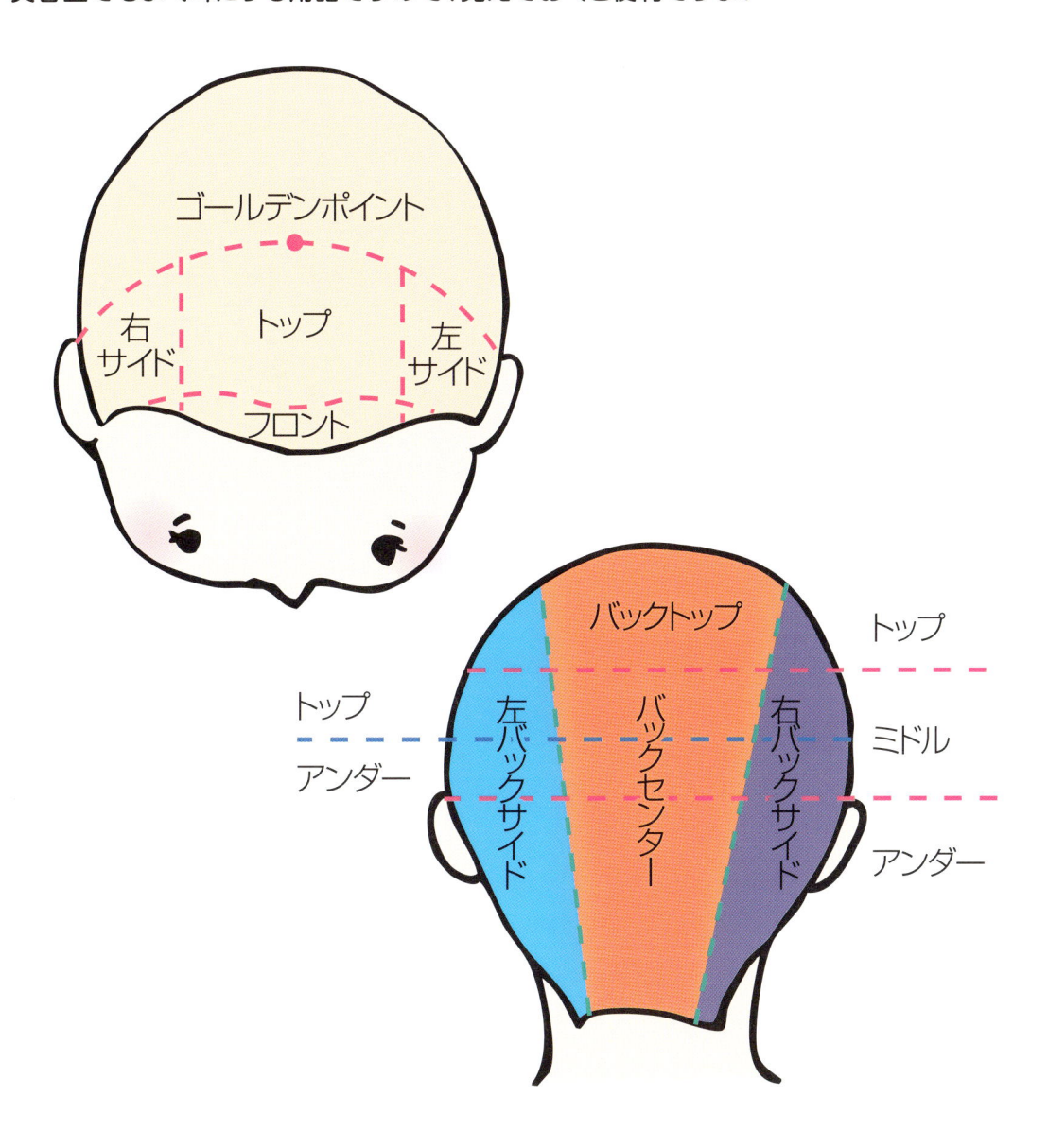

- ゴールデンポイント
- 右サイド
- トップ
- 左サイド
- フロント

- バックトップ
- トップ
- 左バックサイド
- バックセンター
- 右バックサイド
- トップ
- ミドル
- アンダー

【髪のわけかた】

縦と横とトップの3パターンのわけかたをマスターしましょう。
髪が長い場合は取る毛束を小分けにしてまとめます。

●縦にわける●

01 わけたい位置にコームの端を入れます。

02 コームを頭の形に沿って下ろします。

03 左の指とコームで髪をわけます。

●横にわける●

01 毛流れに逆らうように髪を横にとかします。

02 人差し指とコームを入れてわけます。

03 コームを人差し指の方に流します。

04 髪が長い場合はねじって上にまとめます。

●トップをわける●

01 つむじの左右に人差し指とコームを置きます。

02 コームを人差し指の方に流します。

03 つむじのまわりに円を描くように流します。

04 髪が長い場合はねじって上にまとめます。

おもなカット・美容用語

【あ行】

アウトライン
髪型の形を作っている外側と下側のライン。

イヤーツーイヤー
頭を真上から見たとき、頭の一番高いところを通って、左右の耳の付け根を結ぶ線。髪型によって位置はかわる。

ウェットカット
髪をぬらしてカットすること。

えり足
首のうなじ部分。

【か行】

ガイド
カットするとき、長さの目安となる髪のこと。

毛束
髪の毛の束。

ゴールデンポイント
あご先から左右の耳の一番高いところを通って結んだ線のライン上の真ん中にある点。人によって位置が違ってくる。

【さ行】

サイド
側頭部。耳の上の髪。

三角ベース
女性の前髪を作るとき、フロントに取る三角形のパート。

セクション
髪をブロッキングしたときのパートのこと。カットするとき、頭全体をトップ、ミドル、アンダーの3つにわけるスリーセクション（3セクション）と、トップ、アンダーの2つにわけるツーセクション（2セクション）がある。

【た行】

チェックカット
カットした髪をいろんな方向に引き出して、アウトラインからはみ出た毛先や不ぞろいな毛先をカットすること。

トップ
頭の一番高い部分。頭頂部。

ドライカット
髪を乾いた状態でカットすること。

【は行】

はち
頭の横の外周で一番出っぱっているところ。

バック
後頭部。耳から後ろの髪。

フェイスライン
顔まわりの髪の生え際の部分。

フロント
トップより前の部分。前髪や正面から見える髪の部分。

STEP 1

女の子の前髪カット

伸びて一番気になるのが前髪。おうちカットで長さをキープしましょう。コツはどんな前髪も少しずつ切っていくこと！

〖 前髪の取りかた 〗

前髪のスタイルはトップからフロントにむかって2cmくらいのところと目尻を結んだ三角形をベースにして作ります。

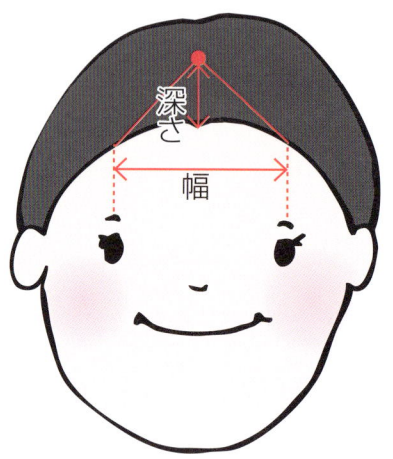

「深さ」で髪の量を決め、「幅」で顔の見えかたを決めます。「深さ」が浅ければ髪の量が少なくなり軽め、深ければ髪の量が多くなり、重めの前髪になります。

幅がせまくて深さが浅い、軽めの前髪。小顔効果あり！

幅が広くて深さが深い、重めの前髪。キュートな印象に！

STEP 1

【まっすぐカット】

切りそろえたい位置をイメージしたら、そこより少し下で
カット。思ったより長めに髪を切っていくと、失敗しません。

01
前髪を残して髪を
うしろにまとめま
す。

ドキドキ

02
前髪を3等分して、
センターの毛束を
指ではさみます。

切った髪が
目に入らないように
ギュッとつぶって

03
毛先に縦に細かく
ハサミを入れてカ
ット。

もう
ちょっと
だよ

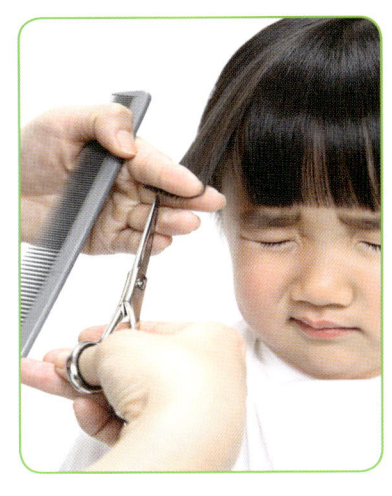

04
センターの長さを
ガイドにして左右
のサイドをカット。

完成

13

【長さをかえずに軽くする】

スキバサミですいて軽くします。切る前に1回でどのくらいの
毛量がすけるか、目立たない位置でチェックしておきましょう。

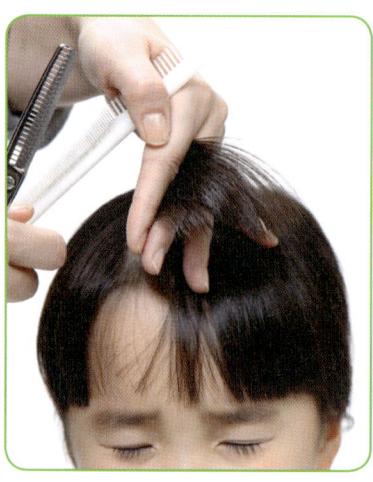

01
前髪を3等分して、センターの毛束を指ではさみます。

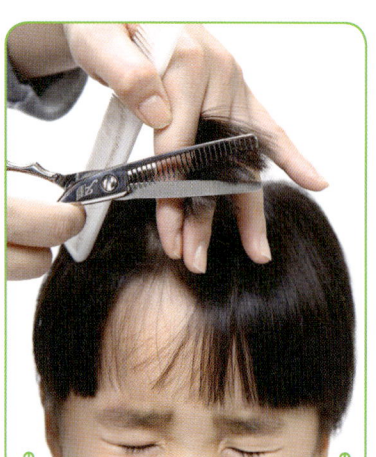

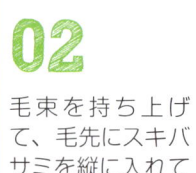

02
毛束を持ち上げて、毛先にスキバサミを縦に入れてすきます。

指ではさまず、つまんですいてもOK。手早くできます。

NG
スキバサミは横に入れない。

ダメだよ〜

\完成/　ニコッ

STEP 1

【ふぞろいカット】

ハサミを深く入れるので、切り落としすぎないように、あせらずゆっくりと。それから自分の手も切らないようにご注意！

01
前髪を3等分して、センターの毛束を上に引き出します。

02
毛先に縦にハサミを入れてカットし、サイドはセンターをガイドにしてカット。

いいコだね〜

03
髪を縦にわけて、引き出します。

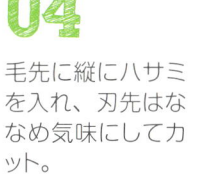

04
毛先に縦にハサミを入れ、刃先はななめ気味にしてカット。

完成

③ 男の子の部分カット

髪が伸びすぎると、目に入ったり、えり足がはねたり
頭が大きく見えたり。ママのカットで男前をキープ！

【 前髪の取りかた 】

男の子の前髪は、女の子のように前髪とサイドの髪をはっきりわけたりせず、
左右のこめかみを結んで幅広く取り、髪が自然に落ちる位置で切ります。

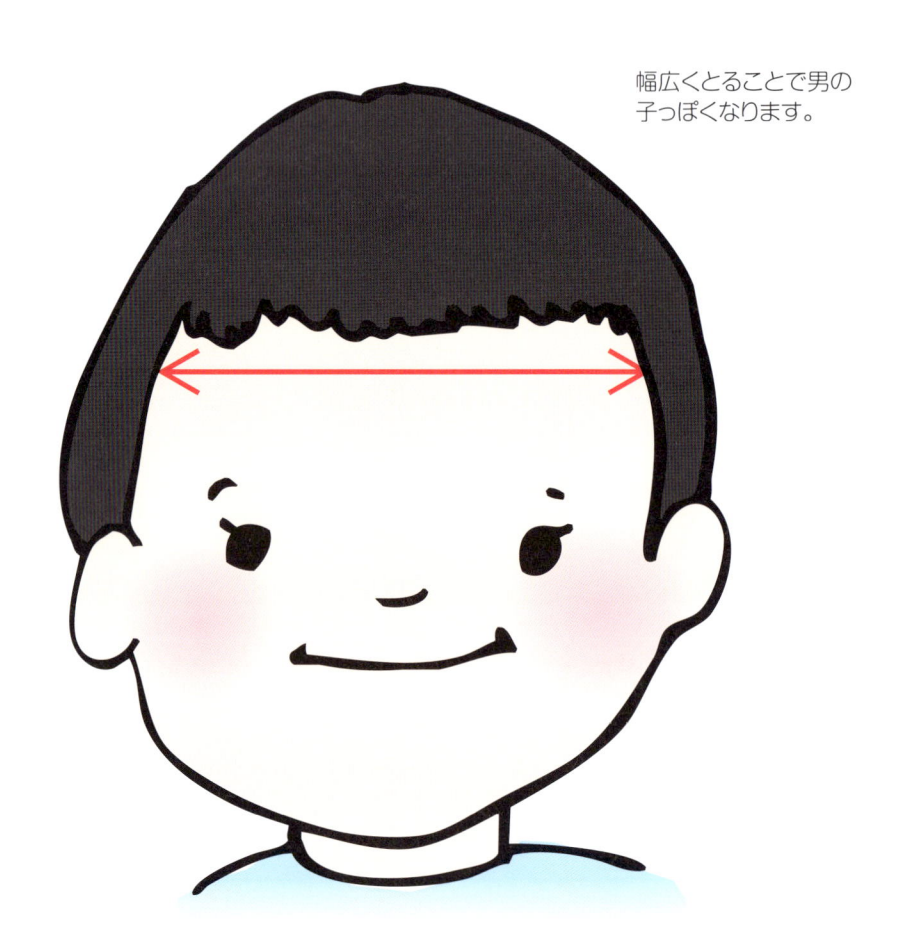

幅広くとることで男の
子っぽくなります。

【前髪すっきりカット】

女の子との違いは、前髪だけを見て切る長さを決めないこと。
サイドやえり足など全体のバランスを見ながら、切っていきましょう。

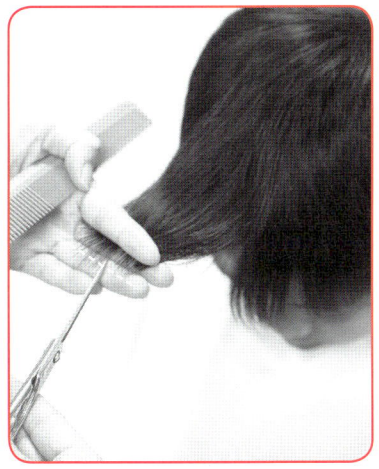

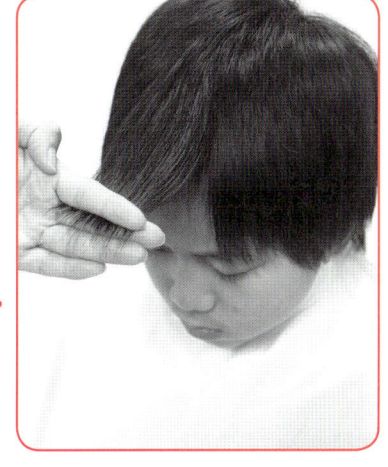

01
前髪を3等分してセンターの毛束を指ではさみ、縦にハサミを入れてカット。指ではさめる分だけはさみます。

02
1で切った髪をガイドにサイドに向かって切っていきます。

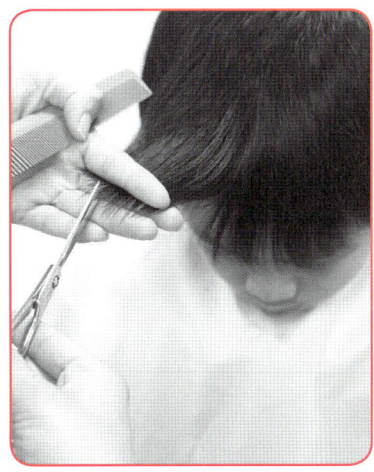

03
切りたい長さより長めにカットすること！

完成

STEP 1

17

【もみ上げすっきりカット】

もみ上げの長さは子どもによってばらばら。切る前に
必ず元の長さを確認してから、切る長さを決めてください。

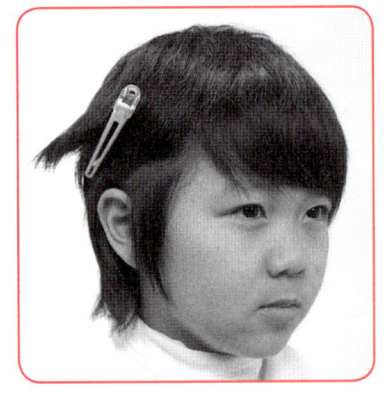

01 余分な髪をブロッキングして、もみ上げの長さを確認します。

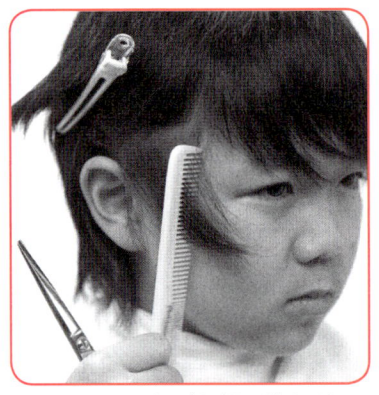

02 もみ上げを顔に沿わせて、前にとかします。

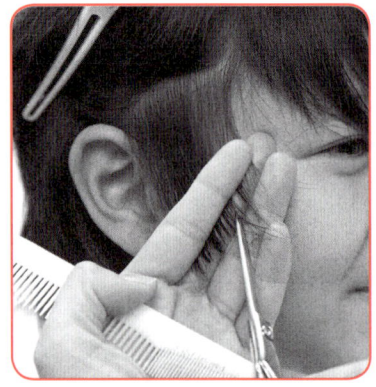

03 毛束を指ではさみ、縦にハサミを入れて長さをカット。

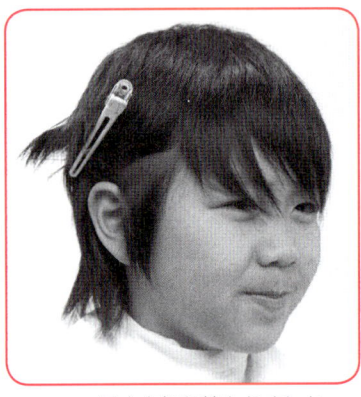

04 長さを切り終わりました。

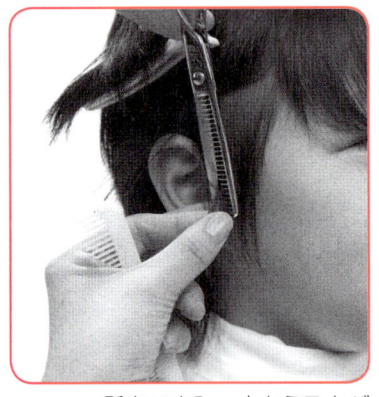

05 髪をつまみ、上からスキバサミを入れて厚みをすきます。

06 短くすっきり。フェイスラインにもなじんでいます。

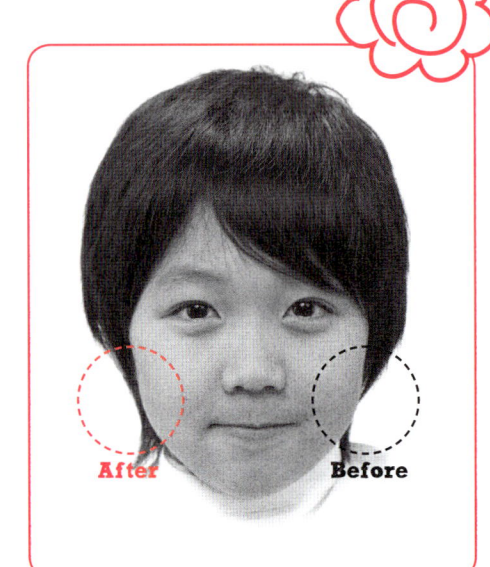

\完成/

After　Before

STEP 1

もっとお手軽！
ちょこっとカットのポイント

ハサミや手のちょっとした使い方で、切りやすさや仕上がりがアップ！
耳まわりやえり足の部分カットのときのプロのコツを紹介します。

ちょこっと耳まわり

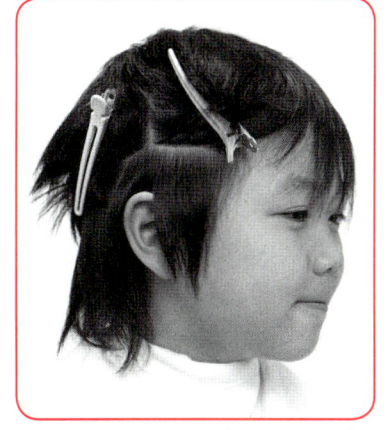

01 耳まわりの余分な髪をブロッキングします。

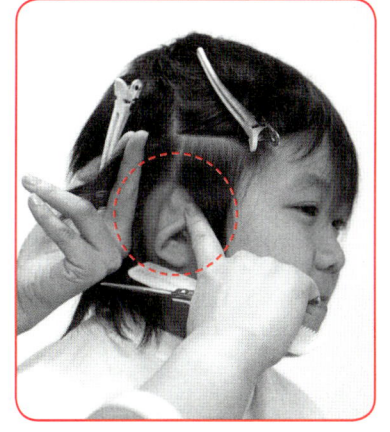

02 切りたい部分の髪を指ではさんでから、右手の人差し指で耳を倒します。

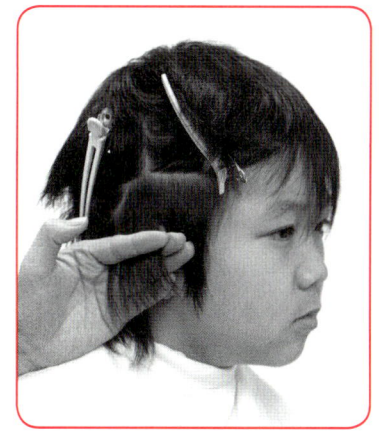

03 耳を倒したまま左手を耳の上に乗せ、手の甲で耳を押さえて切り始めます。

ちょこっとえり足

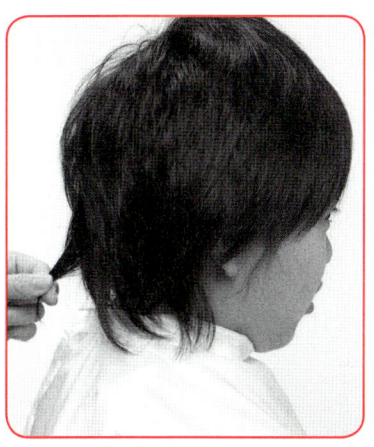

01 伸びたところをひとつまみ分つまんで、引き出します。

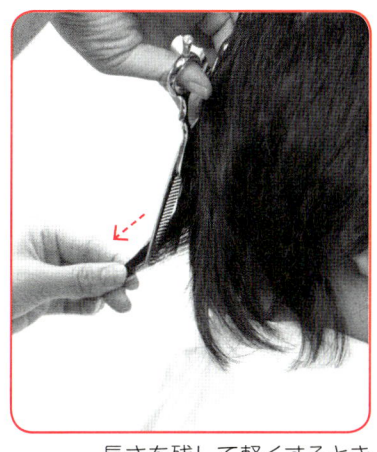

02 長さを残して軽くするときは上からスキバサミを入れ、毛先に向かってカット。

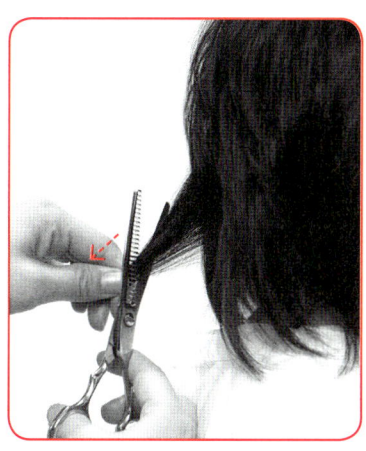

03 長さを短くするときは、下からスキバサミを入れ、毛先に向かってカット。

STEP 2
子どもの トータルカット

ベビー
すっきりカット

女の子
さわやかショート
内巻きボブ
さらさらロング
お姉さん風レイヤー

男の子
わんぱく刈り上げショート
クール系短めショート
アイドル系長めショート

STEP 2

CASE 1 ベビーのすっきりカット

カットの流れは目安です。赤ちゃんのご機嫌でどこから切ってもOK！

カットの流れ

1. 前髪→サイド→バック→えり足の順にカット。
2. 全体をカット後、前髪の長さを確認してバランスを調整する。

\Before/ \After/

TECHNIQUE PROCESS

01 前髪を指ではさみ、ハサミを縦に入れて長さをカット。

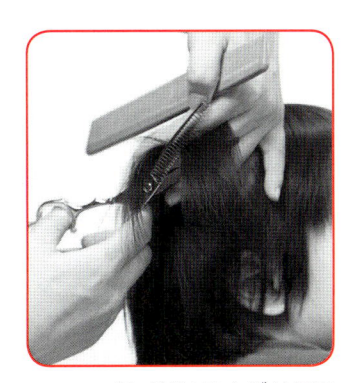

02 サイドはスキバサミで毛先を何度かすいて、長さをカット。

03 毛束の下側の髪をすくと、長さをカットできます。

04 えり足をつまんで浮かし、スキバサミで同じところを数回カット。刃先は必ず外に向けること。

05 仕上げのカット。全体の長さや重さを調整します。

CASE 2 女の子の さわやかショート

毛先のラインが出やすい髪型なので、スキバサミだけを使って、毛先をふぞろいにするのがおすすめです。

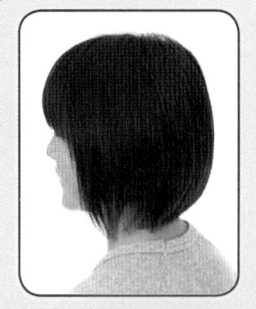

\Before/

\After/

\Before/

結ぶにも結べない中途半端な伸びかたです。

\After/

サイドもえり足もすっきりさっぱり！

カットの流れ

1. バックをカット。
   （アンダー→ミドル→トップの順）
2. サイドをカット（ミドル→トップの順）。
3. 耳うしろと毛先をカット。
4. 前髪をカット。

TECHNIQUE PROCESS

STEP 2

> アンダーセクションの重さを取る。

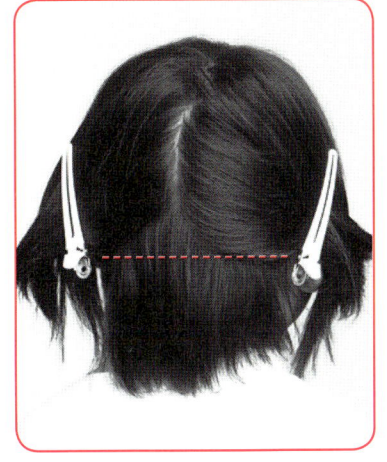

01 センターでわけて耳の位置でブロッキングします。

02 センターの毛束を縦に取り、引き出します。

03 毛束を3等分して根元をスキバサミですきます。左右のサイドも同様にカット。

> ミドルセクションの重さを取る。

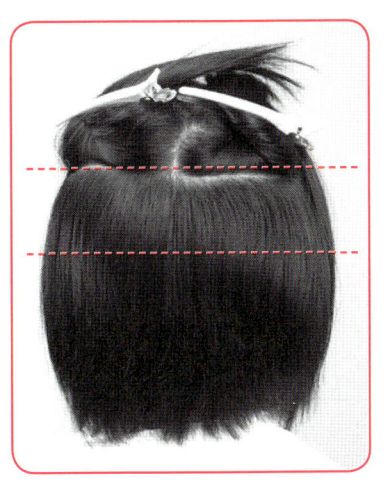

04 トップと耳の間の中間の位置でブロッキングします。

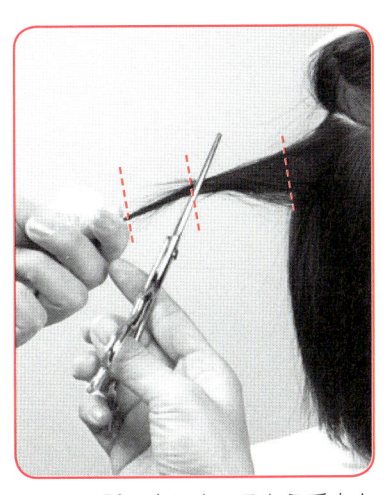

05 髪の多いところから毛束を引き出してねじり、3等分して中間をすきます。

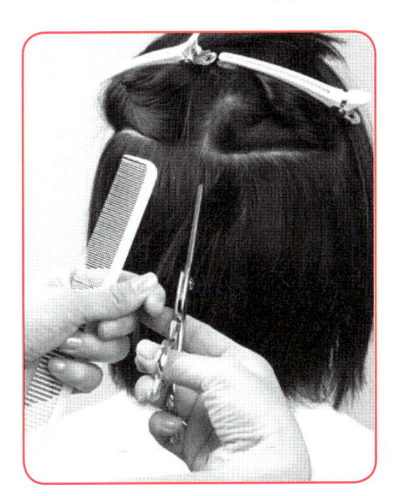

06 ランダムに毛束を引き出して、すいていきます。

TECHNIQUE PROCESS

トップの重さを取る。

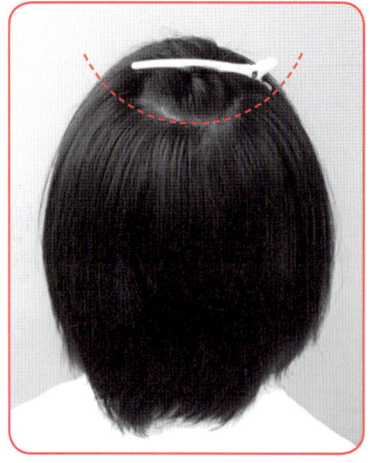

07 トップをブロッキングします。

08 髪の多いところから毛束を縦に取り、引き出します。

スキバサミをすべらせるようにして、すく。

09 毛束の中間を指ではさみ、指から出た髪を毛先に向かってすきます。

サイドの重さを取る。

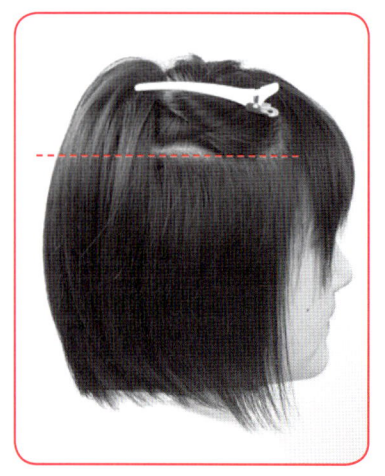

10 トップとサイドの髪の生え際の間の中間の位置でブロッキングします。

11 髪の多いところから毛束を引き下ろして、ねじります。

12 毛束の中間から毛先に向かって、すきます。反対側も同様にカット。

STEP 2

サイドのトップの重さを取る。

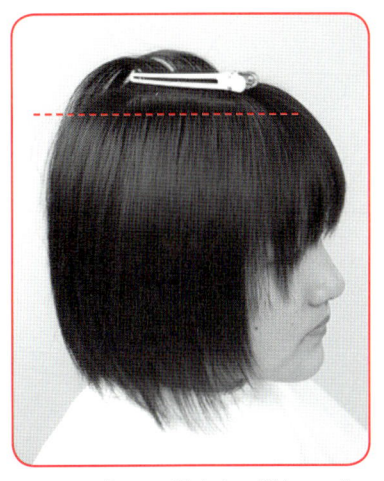

13 表面の髪を1㎝残してブロッキングします。

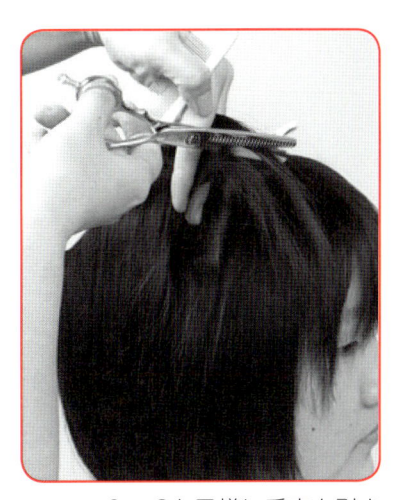

14 8〜9と同様に毛束を引き出して、すきます。反対側も同様にカット。

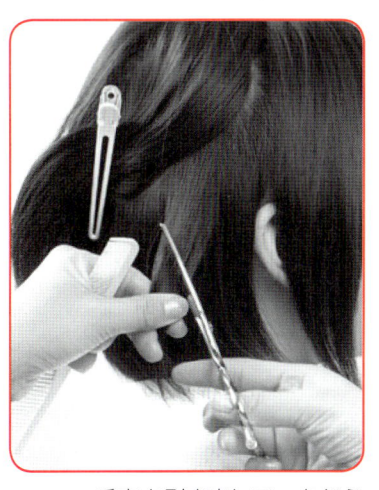

耳まわりの重さを取る。

15 毛束を引き出して、ねじらずに中間から毛先にむかってすきます。反対側も同様にカット。

毛先をカット。

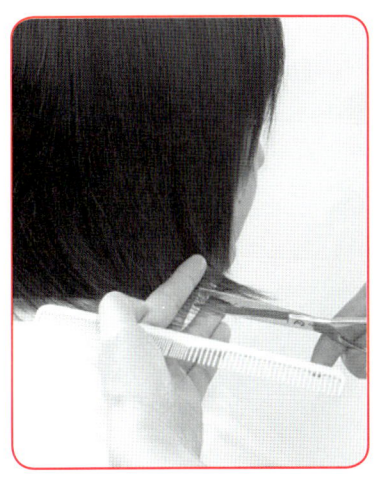

16 ハサミを縦に入れて、毛先のばらつきをカットします。反対側も同様にカット。

前髪をカット。

毛先をすく

17 前髪を3等分して、センターからカット。毛束を引き出しハサミを縦に入れます。

18 両端はサイドとなじむように毛先を2㎝くらいすきます。完成！

CASE 3 女の子の 内巻きボブ

女の子らしいボブスタイルはラインの美しさが大事。毛先が肩まで伸びたり、前髪が目にかかったらカットの合図です!

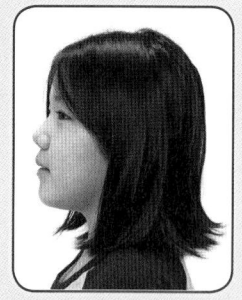

\Before/

\After/

\Before/

肩まで伸びた毛先があちこちはねちゃった。

\After/

肩すれすれのラインでそろえました。

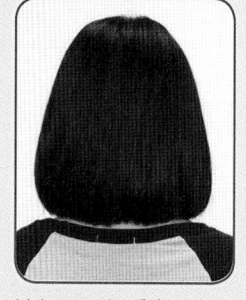

はねていた毛先もすっきりカット。

カットの流れ

① バック→サイドの順にカット。
② バックとサイドのチェックカット。
③ 前髪をカット。

TECHNIQUE PROCESS

STEP 2

バックからカット。

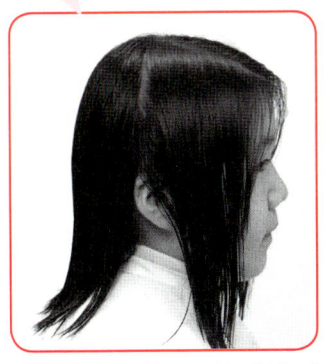

01 耳の後ろでサイドとバックにわけます。

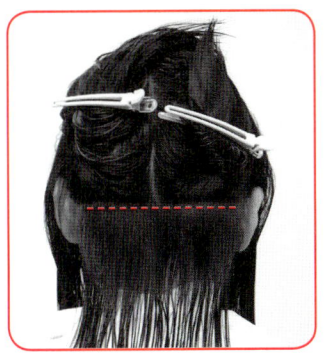

02 センターでわけてブロッキングします。

センターからカットしていく。

03 切りたい長さを指ではさみ、ハサミを縦に入れてカット。

04 センターをガイドに右側をカットしていきます。

05 左側も同様にカット。両端をつまんで長さをチェックします。

ハサミは縦に入れる。

06 ダッカールを外して髪をとかし、下側の髪をガイドにしてカット。

サイドをカット。

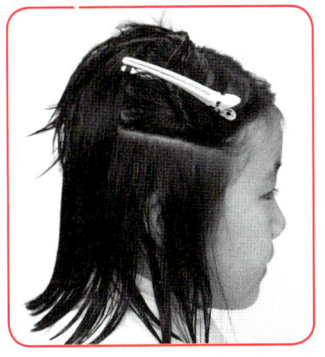

07 耳上3cm、耳の後ろ1cmのところまでブロッキングします。

少し後ろに引く。

08 耳の半分から後ろの毛束をはさみ、ハサミを縦に入れてカット。

左側も同様にカット。

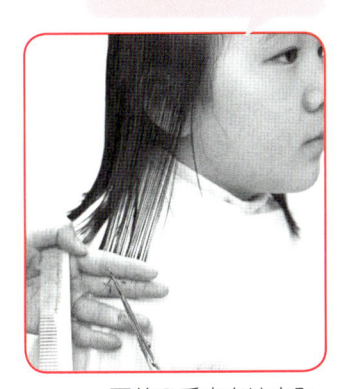

09 耳前の毛束をはさみ、8で切った髪をガイドにしてカット。

TECHNIQUE PROCESS

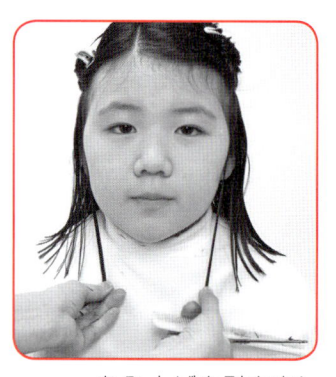

前下がりの場合　7の1〜2cm上をブロッキング。

10 もみ上げを引き出して、長さがそろっているかチェック。

11 サイドの長さをカット。はさんだ指が毛先のラインになります。

12 左サイドも同様にカット。サイドとバックが完成しました。

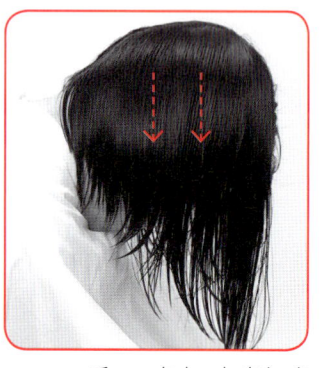

13 チェックカットをします。髪をセンターでわけて下にとかします。

14 えり足をチェック。長い髪が残っていたら切ります。

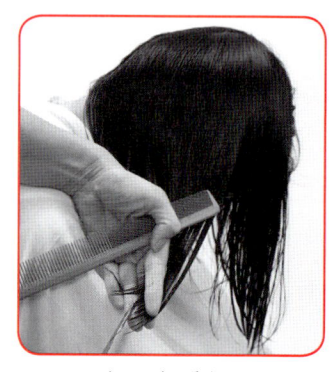

15 もみ上げをチェック。長い髪が残りやすいのでていねいにカット。

きれいな内巻きになる！　前髪をカット。

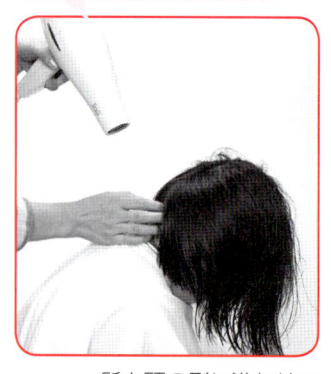

16 髪を頭の形に沿わせてドライヤーで乾かします。

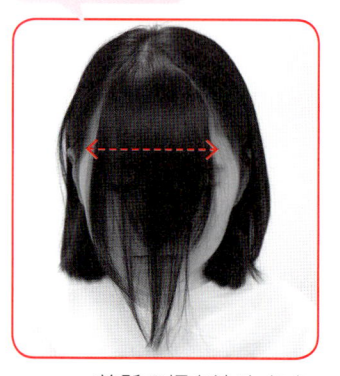

17 前髪の幅を決めます。少し広めの前髪にします。

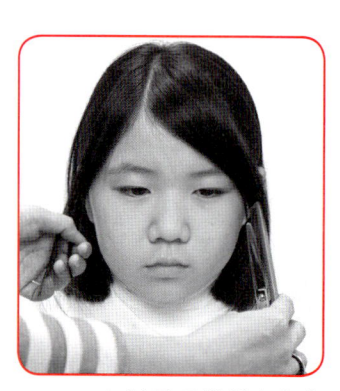

18 わけ目で前髪を左右にわけます。

28　家中みんなの簡単ヘアカット

STEP 2

19 髪が多い左側からカット。切りたい長さを指ではさみます。

20 ハサミを縦に入れてカットします。

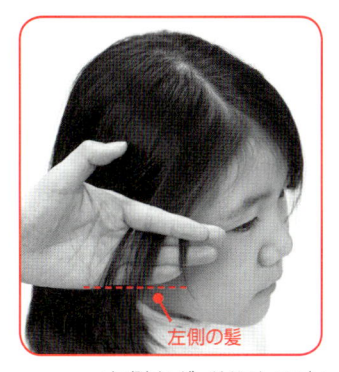

左側の髪

21 左側をガイドにして右側もカットします。

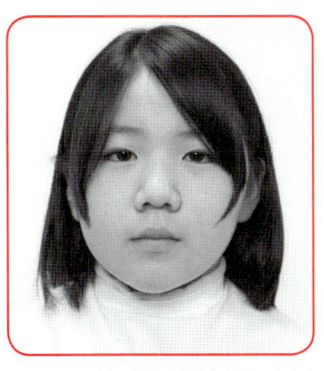

22 サイドの髪を耳にかけて、前髪の長さがそろっているかチェック。

23 重いところをつまんで、スキバサミですいてなじませます。

24 耳まわりは前髪がたまりやすいので、ていねいにカット。

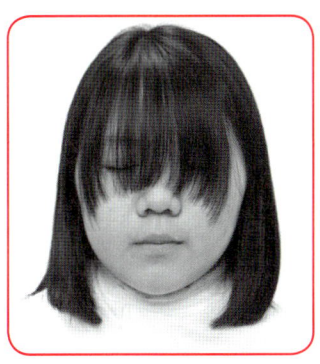

25 広めの前髪ができました。

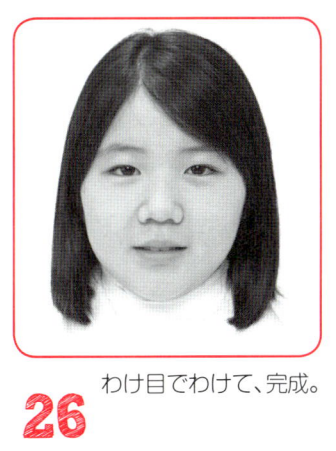

26 わけ目でわけて、完成。

29

CASE 4 女の子の さらさらロング

ストレートのロングヘアは伸ばしっぱなしだと、毛先が ばらついてきます。ママのカットでさらさらヘアをキープ！

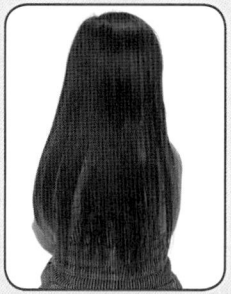

\Before/

\After/

\Before/

七五三のために伸ばし ています。

\After/

毛先のばらつきが解消 されました。

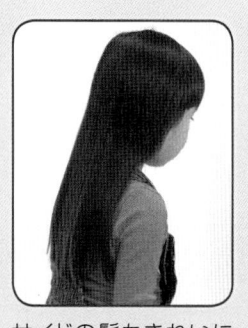

サイドの髪もきれいに まとまっています。

カットの流れ

1. バック→サイドの順にカット。
2. サイドのチェックカット。
3. 前髪をカット。

TECHNIQUE PROCESS

STEP 2

バックから
カット。

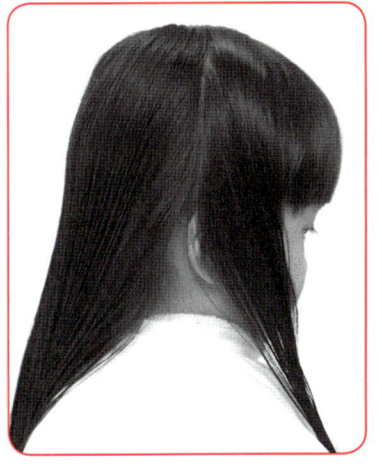

01 耳の後ろでサイドとバックに
わけます。

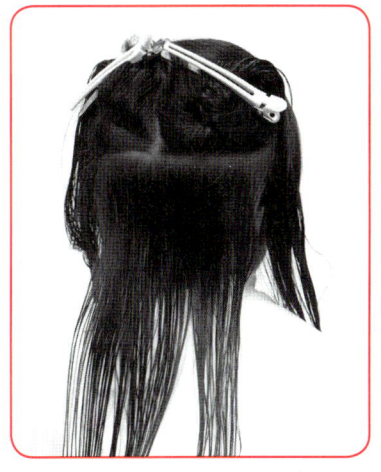

アンダーとミドルの
2つにわける。

02 センターでわけてブロッキ
ングします。

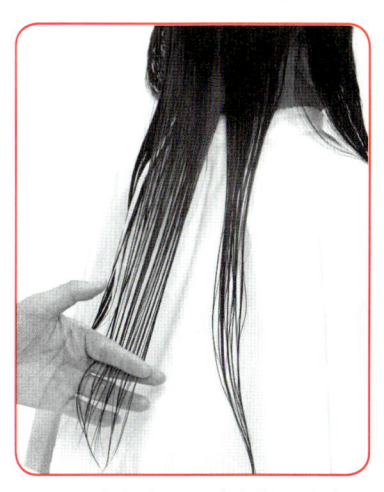

センターから
カット。

03 切りたい長さを指ではさみ
ます。毛量の少ない子は幅
を広く取りましょう。

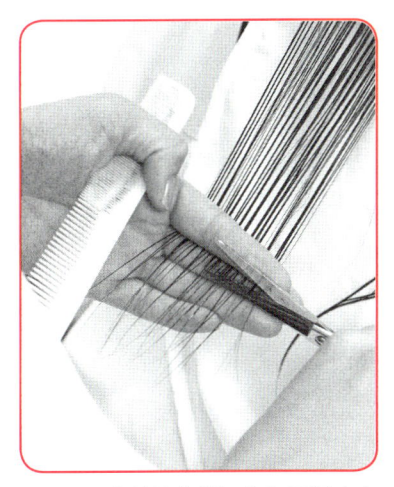

04 ハサミを横に入れて長さを
切ります。

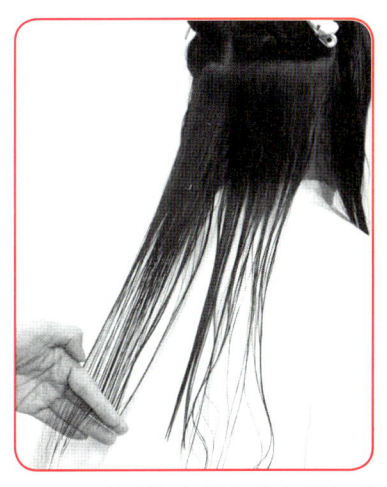

05 4で切った髪をガイドにして
左側を切ります。

06 右側も同様に切ります。

TECHNIQUE PROCESS

07 ダッカールをはずして髪をとかし、2段めを切ります。

08 6で切った髪をガイドにしてセンターから切っていきます。

09 8で切った髪をガイドにして左右のサイドを切ります。

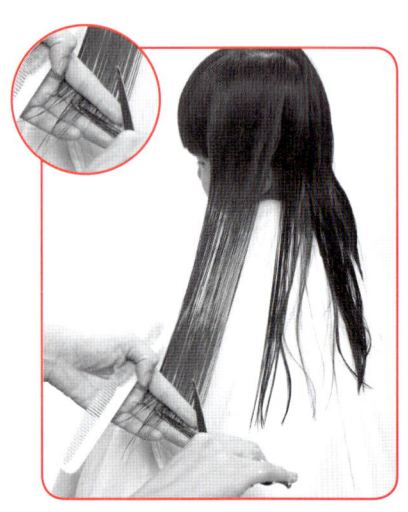

10 9で切った髪をガイドにして左サイドを切ります。

11 右サイドも同様に切ります。

12 左右の毛束を引き出して、長さがそろっているかチェックします。

STEP 2

前髪を
カット。

P15を
参考にして！

13 毛先にハサミを縦に入れてカット。長さをそろえます。

14 前髪を残して髪をうしろにまとめます。

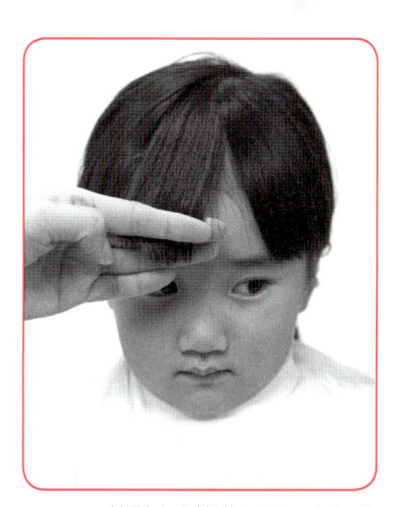

15 前髪を3等分して、センターから切っていきます。

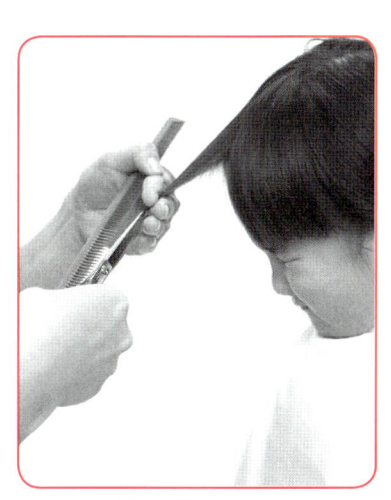

16 毛先に縦に細かくハサミを入れて切ります。

17 センターの髪をガイドにして左右もカットして、完成！

CASE 5 女の子の お姉さん風レイヤー

いろんな髪の長さにアレンジできるレイヤーで、大人っぽい雰囲気にイメージチェンジ。おしゃれな子にお似合いです!

\ Before /

\ After /

\ Before /

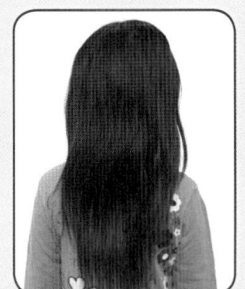

毛先は背中半分まで伸ばしています

\ After /

毛先に軽さと動きを出しました。

カットの流れ

❶ バック→サイドの順にカット。
❷ サイドにレイヤーを入れる。
❸ 前髪をカット。

STEP 2

TECHNIQUE PROCESS

バックから
カット。

01 耳の後ろでサイドとバックにわけます。

アンダーとミドルの
2つにわける。

02 センターでわけてブロッキングします。

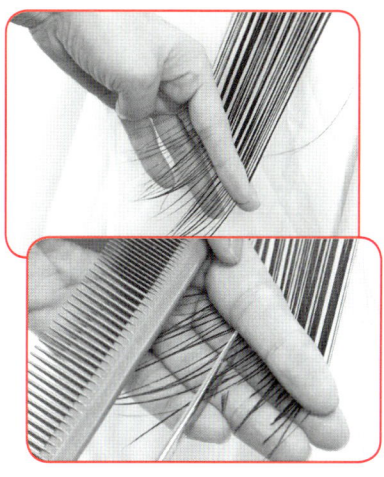

センターから
カット。

03 切りたい長さを指ではさみ、毛先にハサミを縦に入れてギザギザに切っていきます。

04 左サイドを切り終わったところ。

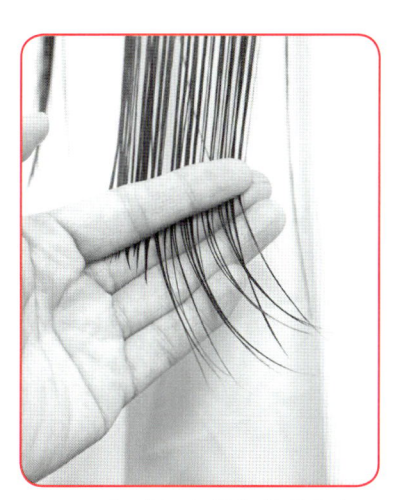

05 4で切った髪をガイドにして右側を切ります。

06 1段めを切り終わったところ。

TECHNIQUE PROCESS

07 2の位置から3〜4cm上をブロッキングします。

08 3〜5で切った髪をガイドにして2段めを切ります。★が切り終わった部分。

サイドを
カット。

09 耳の中心からトップまでブロッキング。カットする人は右前方に立ちます。

顔に沿って
毛束を引き出す。

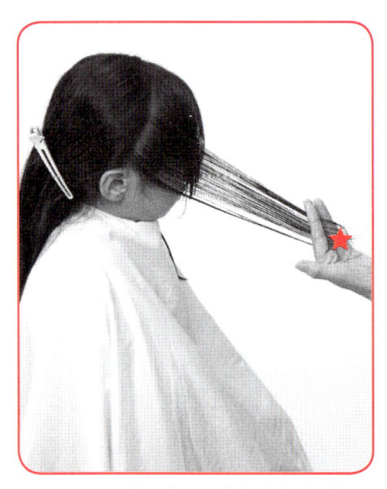

10 右サイドの毛束を引き出し、8で切った★の髪より長い髪をカットします。

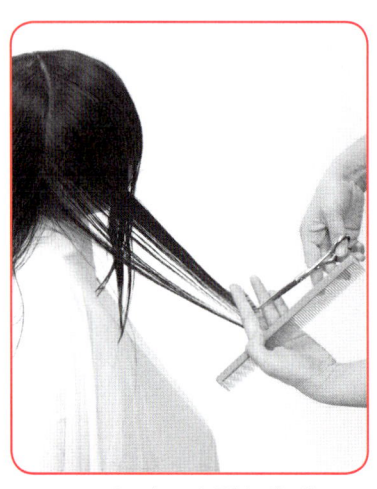

11 10で切った髪をガイドにして後ろに切り進んでいきます。

レイヤーを
入れる。

12 切り進み、ガイドの髪に長さが届かなくなってきたら、右サイドが完了。

36　家中みんなの簡単ヘアカット

STEP 2

チェックカット。

前髪をカット。

13 10〜12と同様にして左サイドもカット。レイヤーが完成しました。

14 重いところは毛先をスキバサミですきます。ハサミをすべらせるようにカット。

15 毛束をななめに引き出して、切りたい長さを指ではさみます。

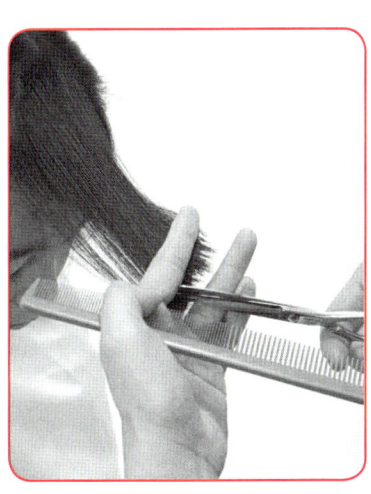

16 毛束を持ち上げて、毛先にハサミを縦に入れて切ります。

17 長めに切った前髪をサイドに流して、完成!

CASE 6 男の子の わんぱく刈り上げショート

短めショートヘアの男の子のえり足や耳まわりのカットには
バリカンが便利。バリカン使いのコツをマスターしましょう!

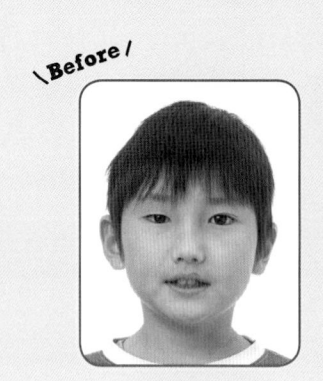

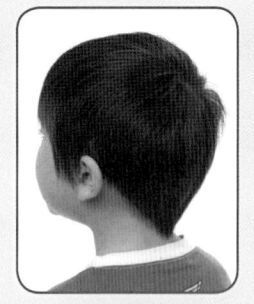

\Before/

\After/

\Before/

えり足も伸びて首まわ
りがチクチク。

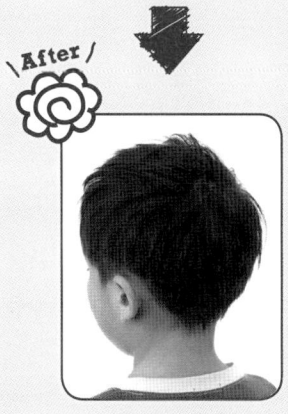

\After/

かっこよく刈り上げて
すっきり!

カットの流れ

1. もみ上げ→サイド→バックの順にバリカンでカット。
2. 刈り上げ部分とベース部分をなじませる。
3. 前髪をカット。
4. 仕上げのカットで動きをつける。

STEP 2

TECHNIQUE PROCESS

> 刈り上げの幅を確認。

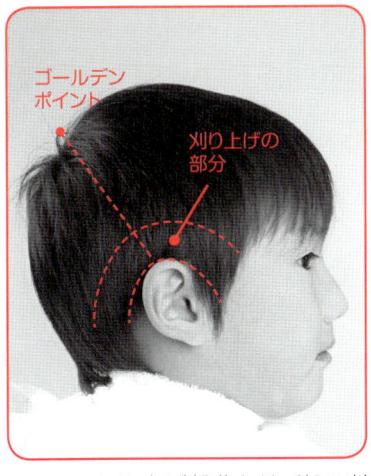

01 もみ上げ部分とサイドの刈り上げの幅を決めます。伸びた分だけカットしましょう。

> もみ上げからカット。

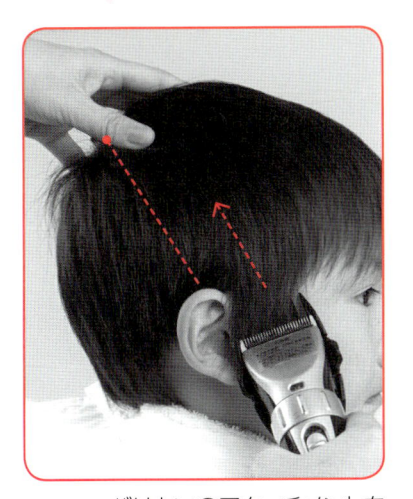

02 バリカンのアタッチメントを長めにセットして、もみ上げ部分に入れます。

> バリカンの向きは常にゴールデンポイントへ！

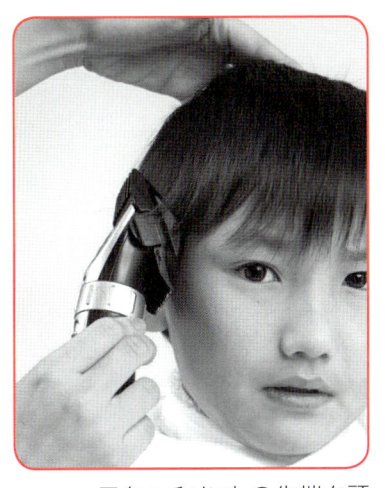

03 アタッチメントの先端を頭皮に沿わせ、ゴールデンポイントに向かってカット。

> サイドをカット。

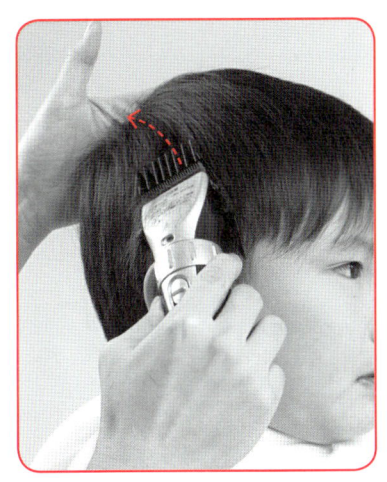

04 1で決めた幅までできたら、バリカンを上に逃がします。

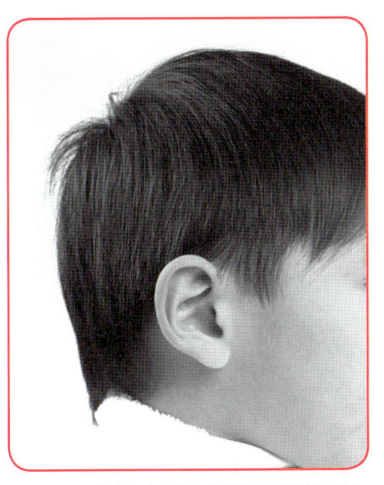

05 もみ上げと耳前の部分がカットできました。

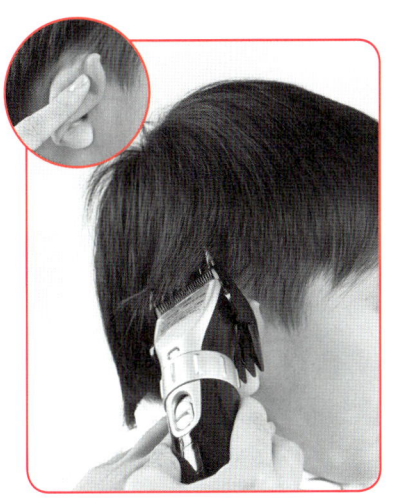

06 耳のうしろ部分をカット。耳を押さえながらバリカンを入れましょう。

TECHNIQUE PROCESS

バックを
カット。

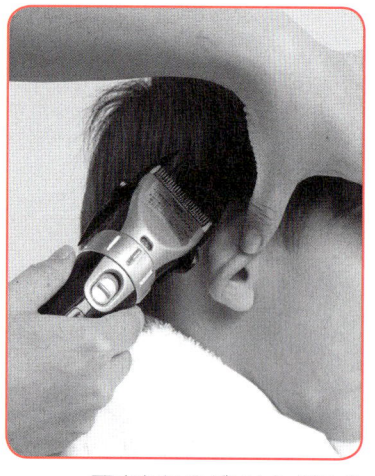

07 耳まわりのバリカンが入りにくい部分は角度をかえてカット。

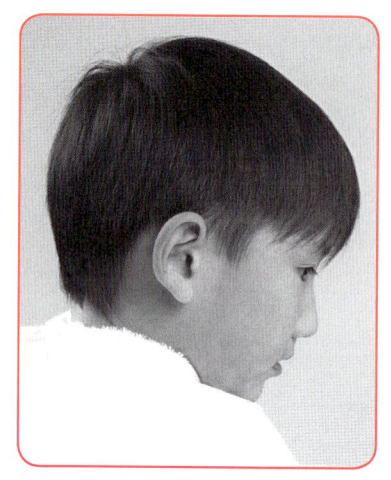

08 もみ上げとサイドが切り終わったところ。

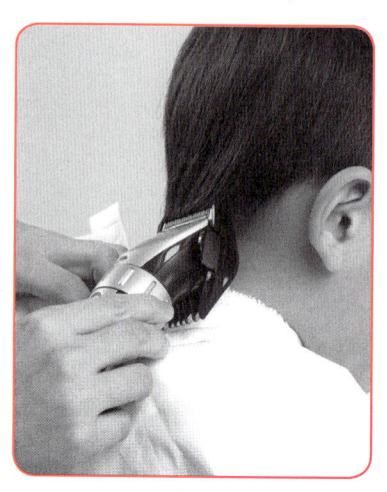

09 右サイドからカット。生え際からゴールデンポイントに向かって切ります。

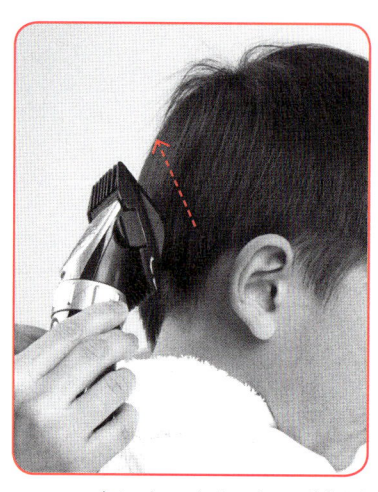

10 センターをカット。毛先は力を抜いてバリカンを上に逃がすように切ります。

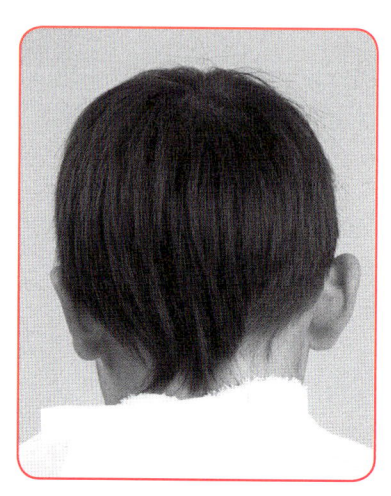

11 右サイドがきり終わったところ。左サイドも同様にカットします。

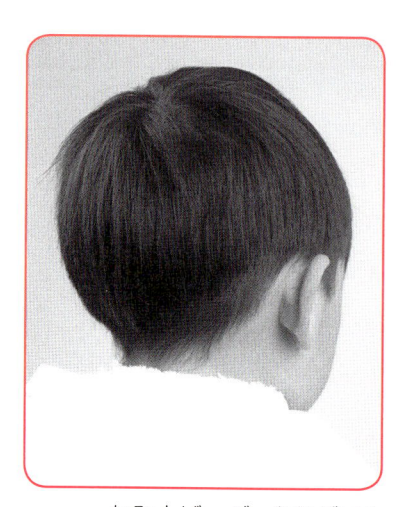

12 もみ上げ〜バックのバリカンカットができあがったところ。

STEP 2

コームは
下から入れる。

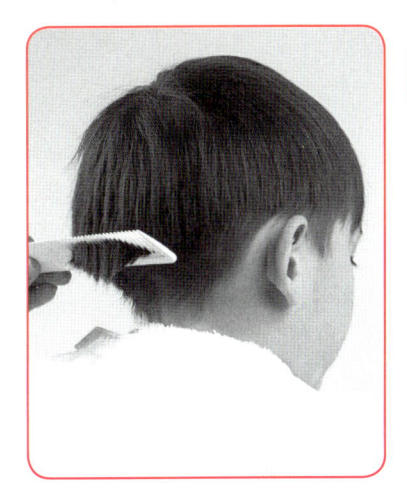

13 頭の形に沿ってコームを入れてとかし、髪がたまっている部分を引き出します。

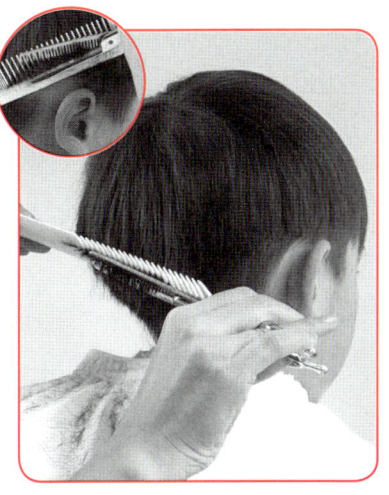

14 コームから出た髪をスキバサミでカットします。

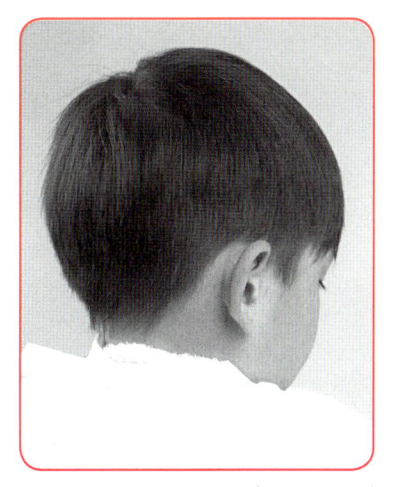

15 刈り上げ部分がなじみ、ガタつきが目立たなくなりました。

前髪カットは
P17を参考にして！

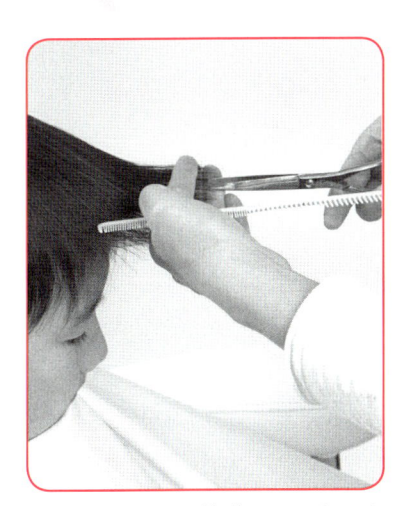

仕上げの
カット。

16 前髪を3等分して、センターから毛先にハサミを縦に入れて、長さをカット。

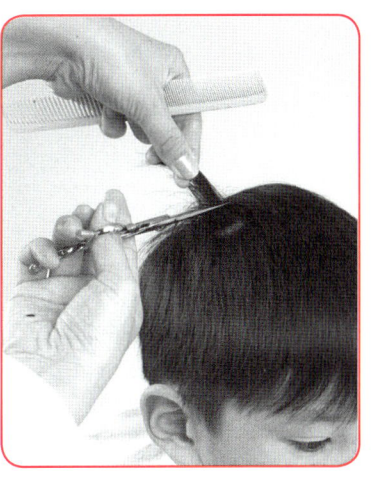

17 重そうなところをつまんで、根元から中間にかけてスキバサミですきます。

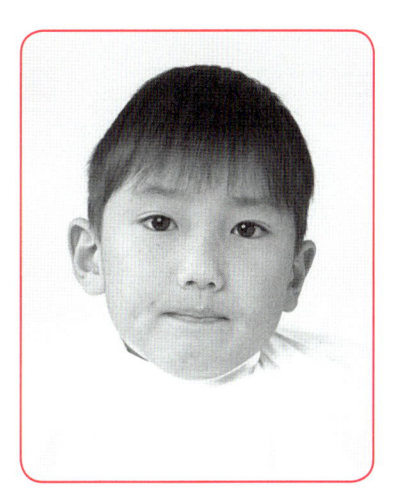

18 バリカン部分とハサミカットの部分がなじんで、完成！

CASE 7 男の子の クール系短めショート

伸びてきたショートヘアを全体的にすっきりさせるカットです。
毛束の引き出し方にちょっとワザあり！

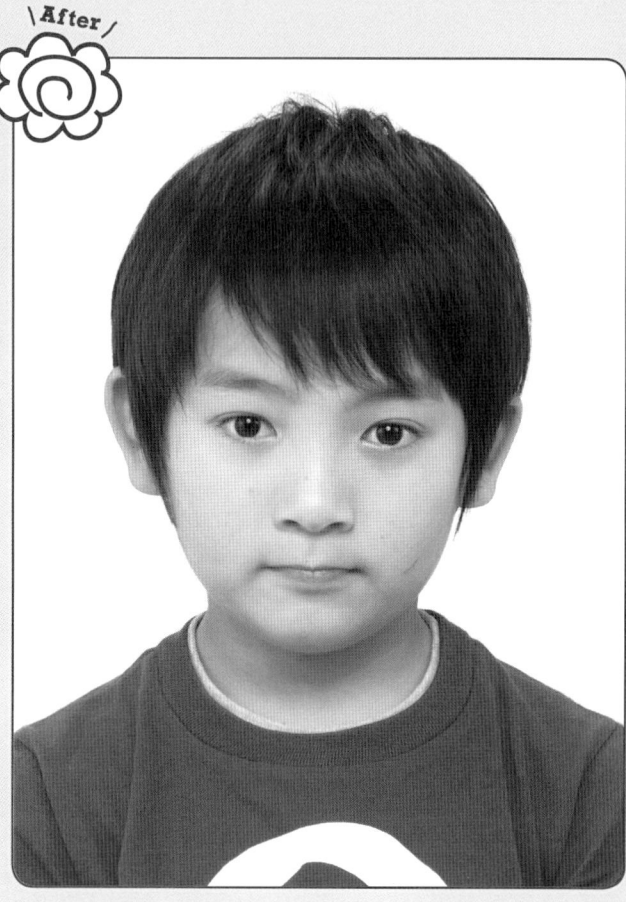

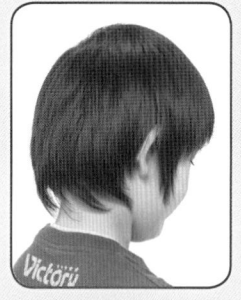

\Before/

\After/

\Before/

えり足が伸びて首にま
とわりついて……。

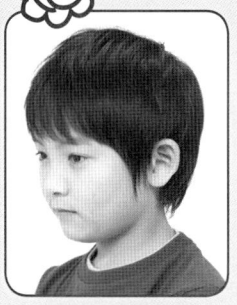

\After/

はちまわりの重さがと
れて軽くなりました。

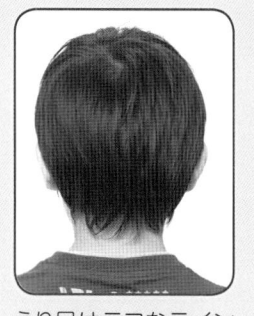

えり足はラフなライン
でおしゃれに。

カットの流れ

① トップ→フロント→サイドの順にカット。
② バックをカット。
③ 仕上げのカットで全体をなじませる。

STEP 2

TECHNIQUE PROCESS

トップから
カット。

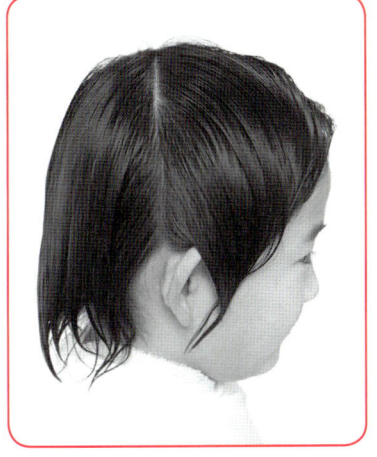

01 水スプレーで髪をぬらし、耳の後ろでサイドとバックにわけます。

02 両目の黒目の幅を目安に毛束を引き出し、切りたい長さを指ではさみます。

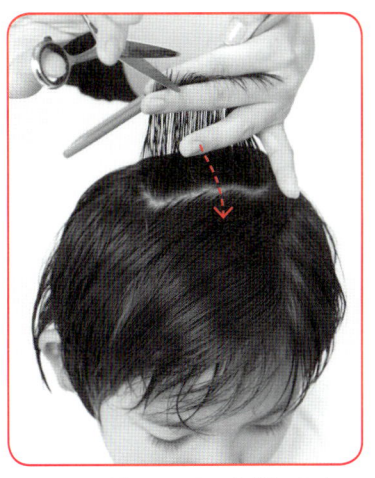

03 毛先にハサミを縦に入れて長さをカット。フロントまで1cmずつ切り進みます。

フロントを
カット。

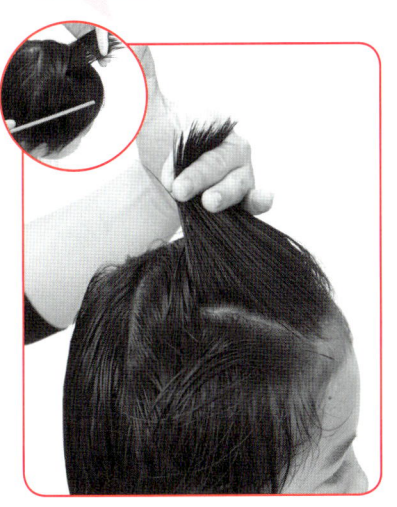

サイドを
カット。

04 前髪は少し長めにするので、毛束は後ろに引き出してカットします。

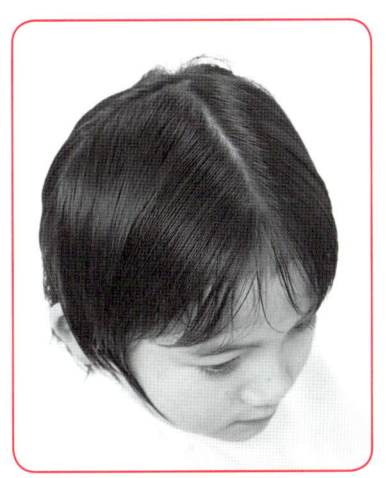

05 センターで髪をわけます。

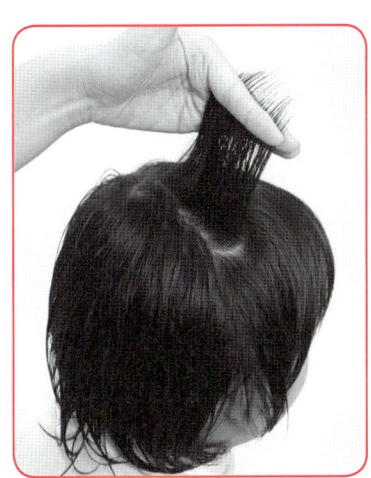

06 毛束を縦に取って頭皮に平行に引き出し、毛先に縦にハサミを入れてカット。

43

TECHNIQUE PROCESS

バックを
カット。

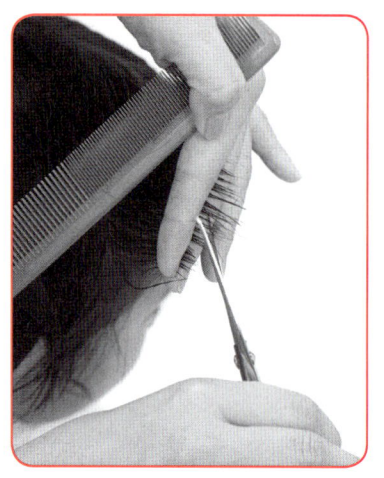

07 3〜4で切った髪をガイドにしてカットしていき、左側も同様に切ります。

08 7で切った髪をガイドにしてもみ上げ部分を切ります。

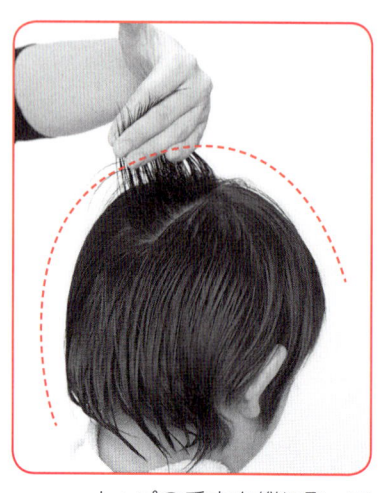

09 トップの毛束を縦に取って頭皮に平行に引き出し、カット。

9〜11の毛束の取りかたでカットしていく。

2段めをカット。

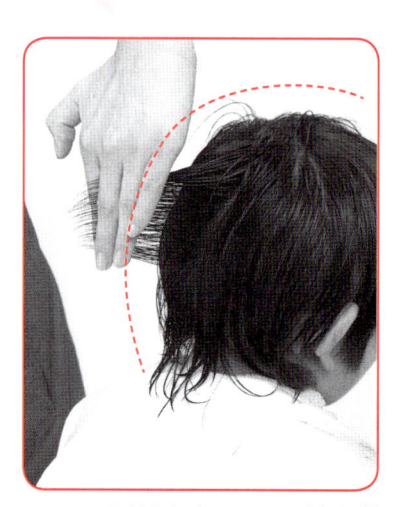

10 ミドルセクションの毛束を縦に取って頭皮に平行に引き出し、カット。

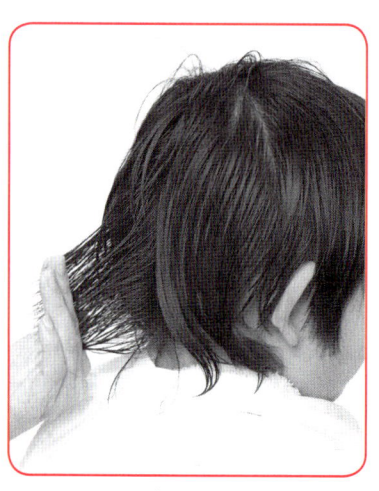

11 アンダーセクションの毛束を縦に取って頭皮に平行に引き出し、カット。

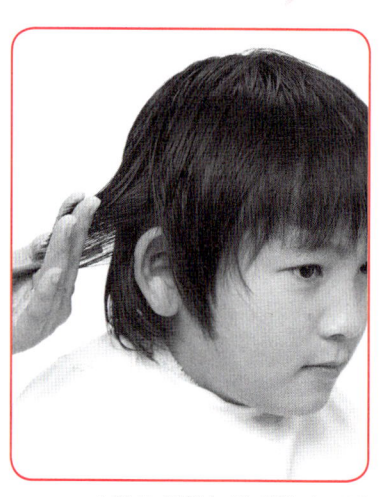

12 1段めの髪をガイドにして2段めも同様にカットします。

STEP 2

えり足を
カット。

仕上げの
カット。

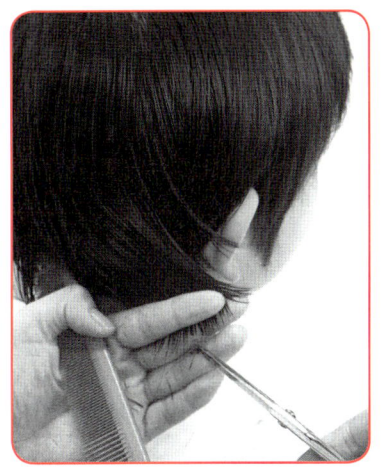

13 センターから耳の後ろに向かってカット。毛先にハサミを縦に入れて切ります。

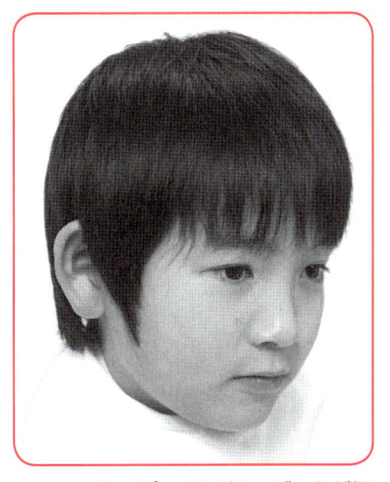

14 トップ、サイド、バックが切り終わったところ。

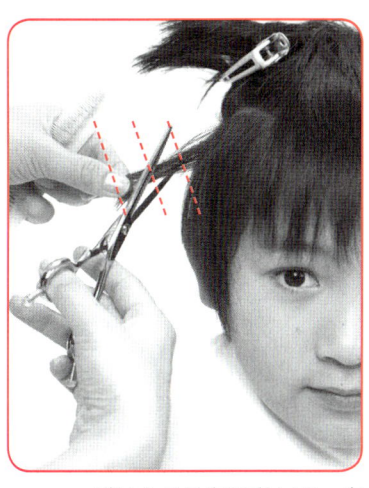

15 重いところをつまんで、中間から毛先にむかってスキバサミですきます。

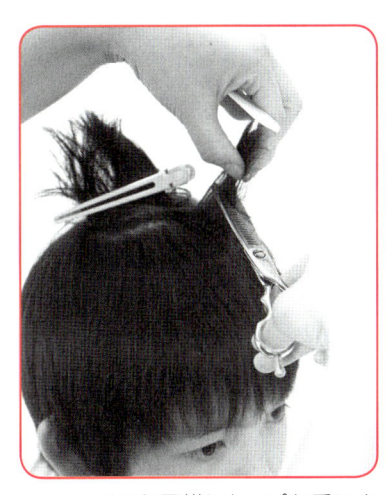

16 15と同様にトップも重いところをランダムにつまんで、すいていきます。

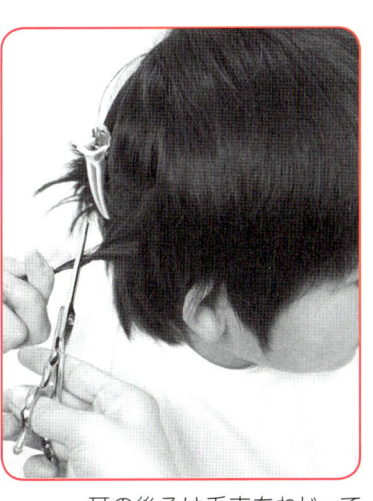

17 耳の後ろは毛束をねじって引き出し、根元、中間、毛先の順にすきます。

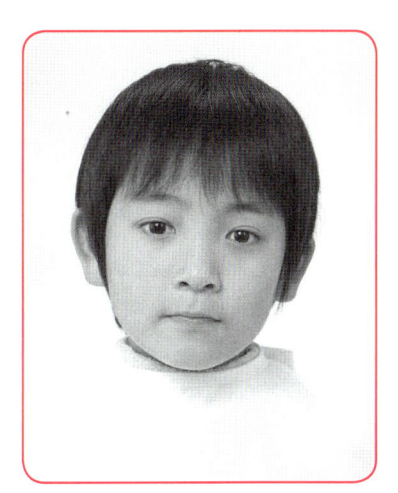

18 全体的になじませて、完成！

45

CASE 8 男の子の アイドル系長めショート

レイヤーを多めに入れて、ちょっとだけヘアチェンジ。
軽さと動きが出るので、長めの髪でも重さは気になりません。

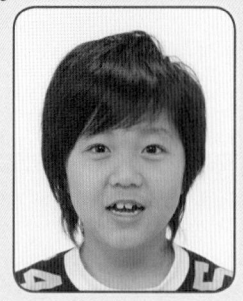

\ Before /

\ After /

\ Before /

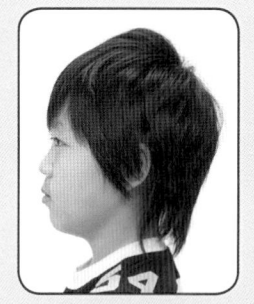

伸びて髪のクセも目立っちゃっています。

\ After /

長さをかえず毛先に動きをつけました。

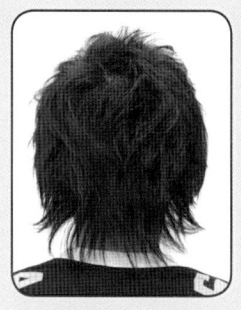

長めでラフ。アレンジも楽しめます!

カットの流れ

1. トップ→フロント→顔まわりの順にカット。
2. バックをカット。
3. もみ上げ→耳まわりをカット。
4. 全体をすく。
5. 前髪をカット。

STEP 2

TECHNIQUE PROCESS

指を切らないように注意！

フロントまで切り進む。

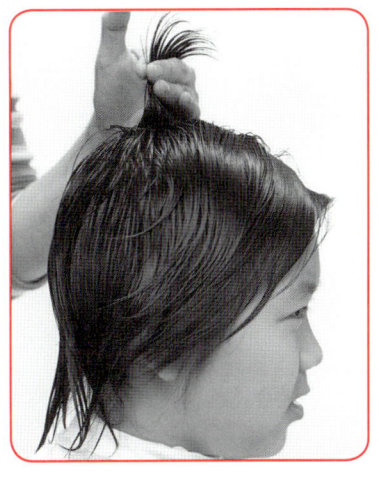

01 水スプレーで髪をぬらし、両目の黒目の幅を目安に毛束を引き出します。

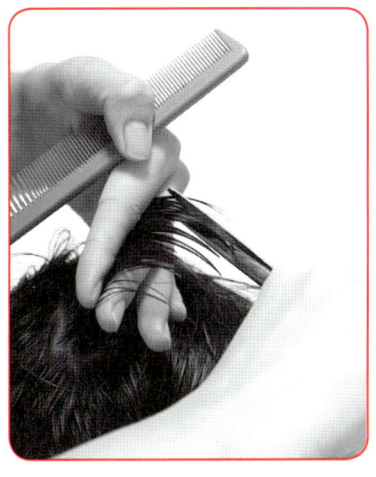

02 切りたい長さを指ではさみ、ハサミを縦に深く入れてカットします。

03 1の位置から1cm前に毛束を引き出し、2で切った髪をガイドにしてカット。

トップは短め。フロントは長め。

ミドルセクションをカット。

顔まわりをカット。

04 切り終わったところ。トップとフロントの長さをチェックします。

05 耳の後ろで毛束を、まっすぐ上に引き出してカット。

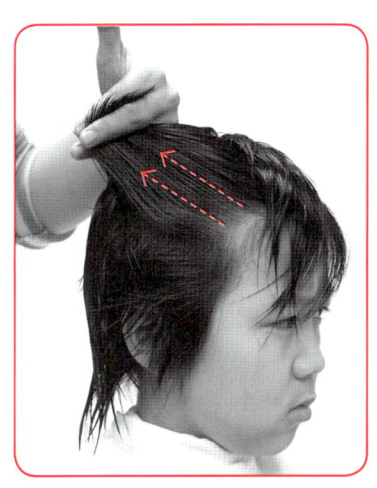

06 毛束を5の位置まで引きハサミを縦に入れてカット。左サイドも同様にカット。

TECHNIQUE PROCESS

バックを
カット。

07 センターの毛束を取り、5の位置まで持ち上げます。

08 切りたい長さを指ではさみ、毛先にハサミを縦に入れてカットします。

もみ上げのカット。
P18を参考にして!

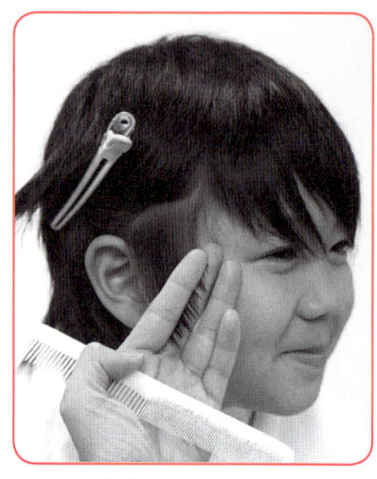

09 余分な髪をブロッキング。もみ上げ部分を指ではさんでカットします。

耳まわりのカット。
P19を参考にして!

10 毛束を引き出して、耳を押さえて切りたい長さをカットします。

えり足をカット。
P19を参考にして!

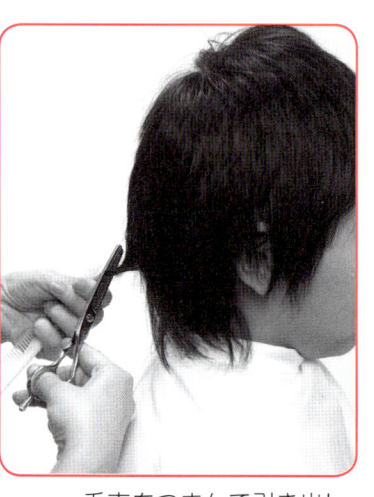

11 毛束をつまんで引き出し、スキバサミを下から入れて長さをカットします。

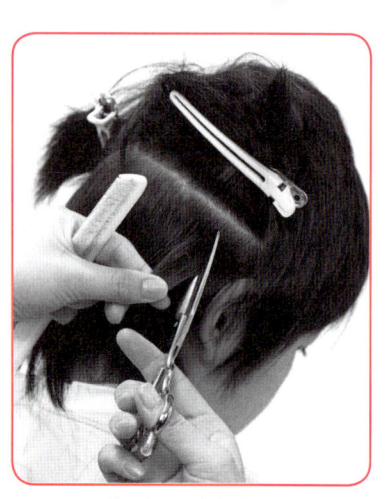

全体を
すく。

12 バックの毛束をつまんで根元、中間、毛先をスキバサミですきます。

STEP 2

前髪をカット。
P17を参考にして!

13 つむじも毛束をつまんで、12と同様にすきます。

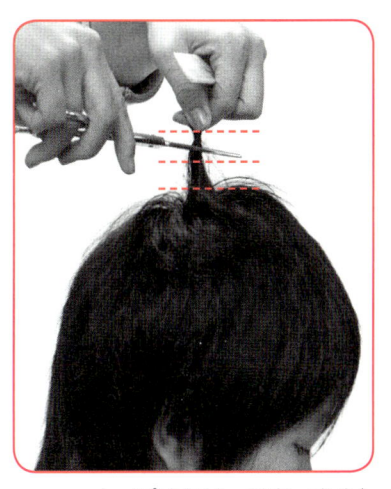

14 トップはねじってまっすぐ上に引き出し、中間から毛先をすきます。

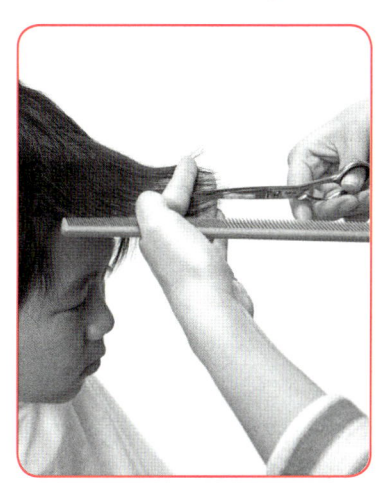

15 前髪を3等分して、センターからハサミを縦に入れてカットします。

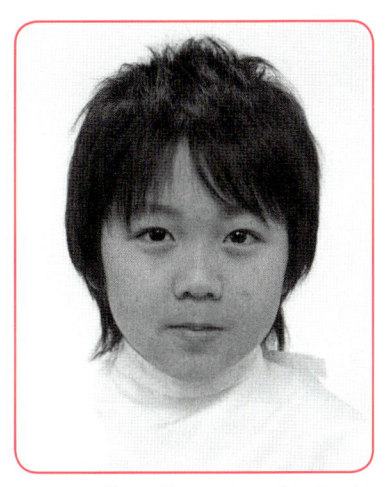

16 ドライヤーでトップを立たせて、完成!

STEP 3
おとなの
ヘアカット

トータルカット

＊パパのさっぱりカット＊

セルフカット

＊ママの前髪カット・バリエーション＊

STEP 3

CASE 1 パパのさっぱりカット

忙しいパパのカットはスキバサミ1本でお手軽に！
ドライカットで手早く、10～15分でカット完了です。

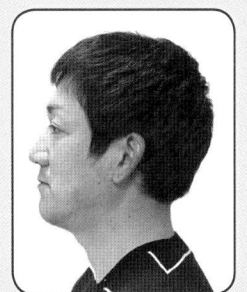

\Before/

\After/

\Before/

髪が伸びて全体的に
もっさり……。

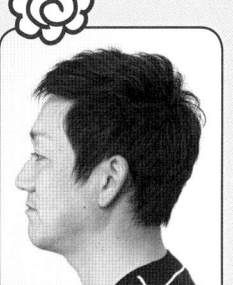

\After/

前髪、耳まわりがすっ
きり。

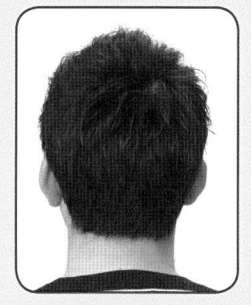

長さも量もカットして
軽くなりました。

カットの流れ

① えり足→耳まわり→もみ上げの順にカット。
② 前髪をカット。
（センター→左右のサイドの順）
③ 仕上げのカットで重そうな部分をすき、
全体をなじませる。

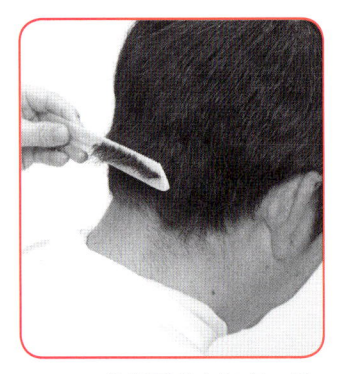

TECHNIQUE PROCESS

01 えり足のセンターに、下からコームを入れて髪をすくいます。

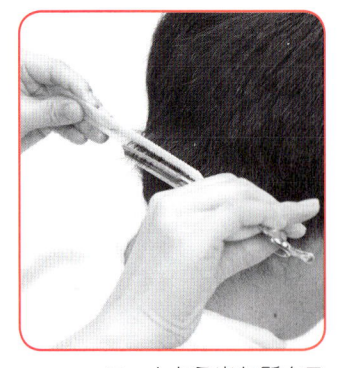

02 コームから出た髪をスキバサミで切ります。

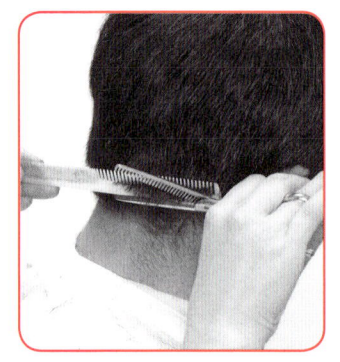

03 2で切った髪をガイドにして右サイドを切ります。

> 毛先はコームを逃がしてカット。

> とかして起こす。

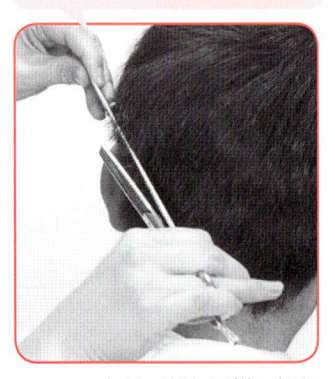

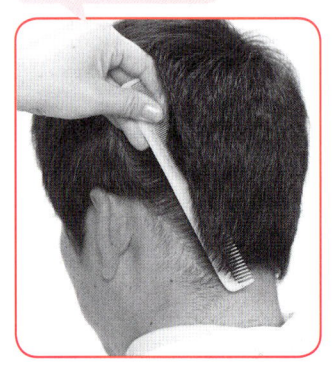

04 左サイドも同様に切ります。

05 伸びて髪が寝る部分はコームでしっかりとかして起こします。

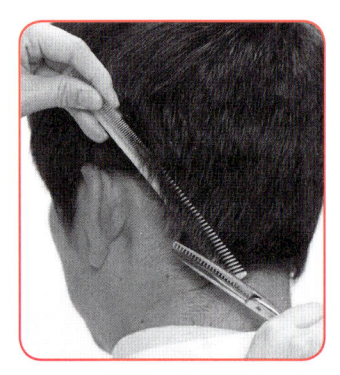

06 起こした髪をカット。センターをガイドにして、左右を切りそろえます。

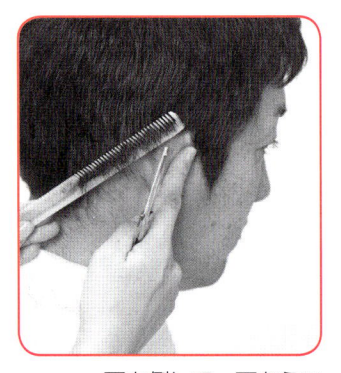

07 耳を倒して、下からコームを入れて髪をすくいます。

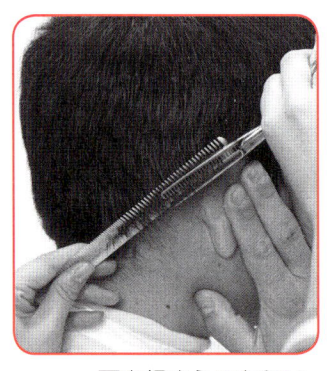

08 耳を押さえてもらい、コームから出た髪を切ります。

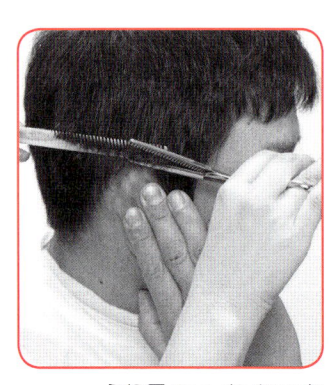

09 えり足のラインにつなげるように切っていきます。

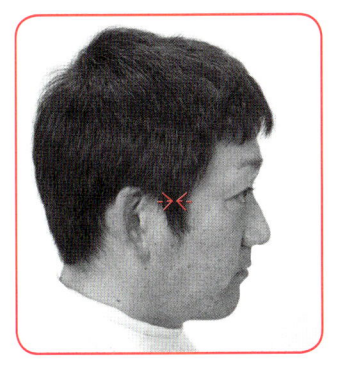

STEP 3

10 もみ上げをカット。両側からコームを入れてカットします。

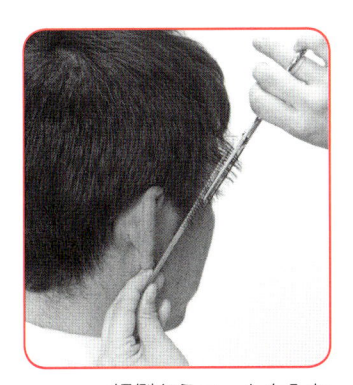

11 顔側からコームを入れて髪をすくい、コームから出た髪をカット。

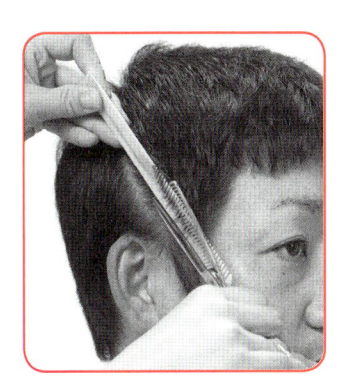

12 11と同様に反対側からもコームを入れて髪をすくい、カット。

13 右サイドが完了。7〜12と同様に反対側の耳まわりともみ上げも切ります。

前髪をカット。

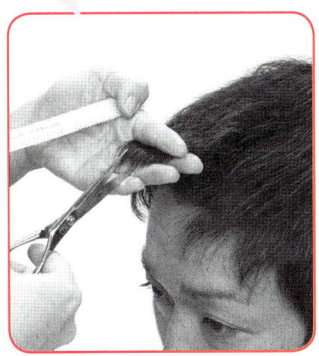

14 センターから毛束を指ではさんで引き出し、スキバサミを縦に入れてカット。

チェックカット。

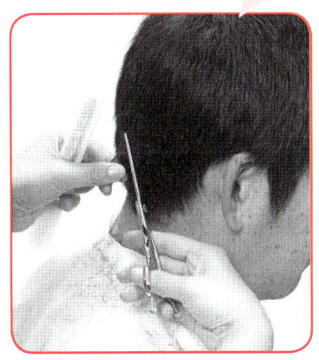

15 重そうなところをつまんで、スキバサミを縦に入れてカット。

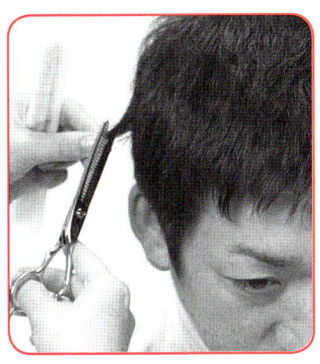

16 サイドも重そうなところをつまんでカット。

17 全体的にすっきり、さっぱりして完成!

CASE 2 ママの前髪カット・バリエーション

顔の印象を決める大事なポイントの前髪。セルフカットのコツをつかんで、バリエーションも楽しみましょう！

【前髪セルフカットのポイント】

- いきなり切りたい長さをカットしない。少しずつ切っていき、イメージより長めのところで切り終えましょう。

- 髪を濡らして切ると、乾いたときに髪が浮いて短くなります。仕上がりと同じ乾いた状態のドライカットで切りましょう。

- 長さを切りたいときはハサミ、髪の量を減らしたいときはスキバサミと、使い分けましょう。

- 切るときは常に自分の手元を見て切り、髪をはさんだ手は切り終わるまで動かさず、固定させましょう。

- 1回切ったらコームでとかし、髪が自然におりる位置を鏡で見て、長さをチェックしましょう。

【まっすぐカット】

重めにしたいときは前髪を下に引き出し、毛先をふぞろいにしたいときは上に引き出して、カットします。

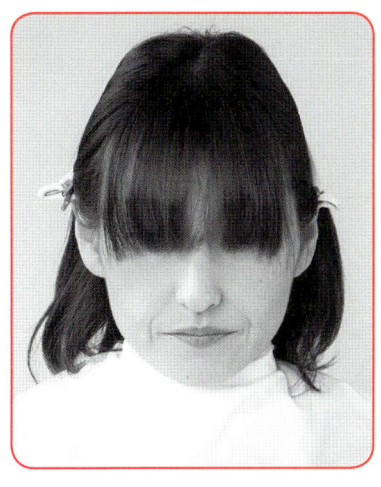

\Before/

01
前髪を残して、髪をまとめます。

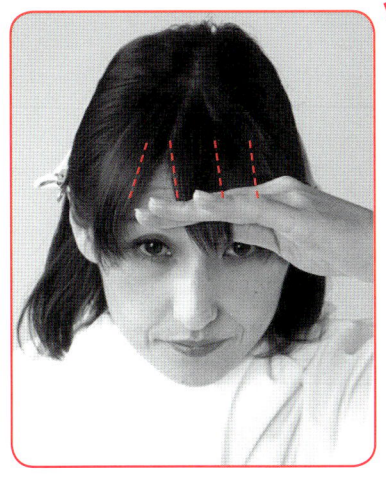

02
前髪を3等分して、センターの毛束から切ります。切りたい長さを指ではさんで、引き出します。

03
指から出た髪の毛先に、ハサミを縦に入れて少しずつカットします。

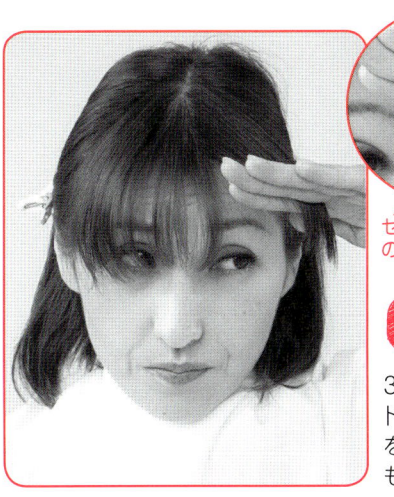

センターの髪　サイドの髪

04
3で切った髪をガイドにして左側の髪を切ります。右側も同様に切ります。

\After/

STEP 3

【長め前髪のカット】

サイドに流せる長めの前髪は女らしい人気スタイル。
"長め"が"伸びすぎ"になる前にちょこっとカット！

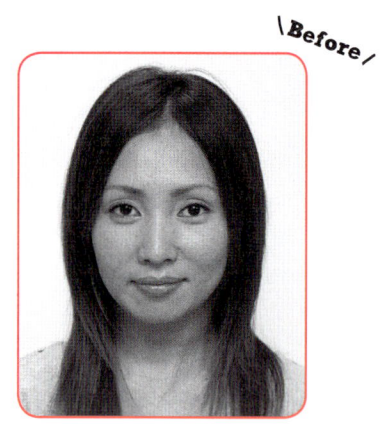

\Before/

01
前髪だけ残して髪を束ねます。前髪をセンターでわけて右側の毛束を指ではさんで引き出します。

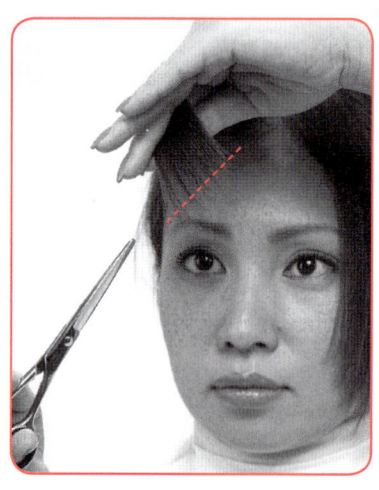

02
流す角度を決めて毛束を持ち上げます。

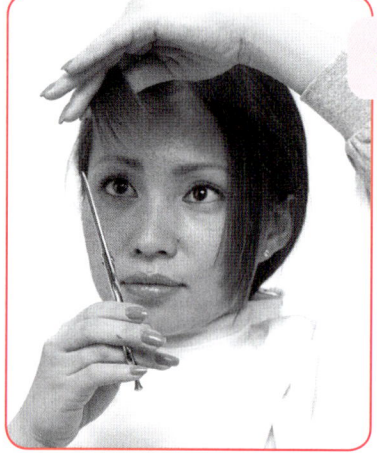

03
少しずつカット！

指から出た髪の毛先に、ハサミを下から縦に入れて少しずつカットしていきます。

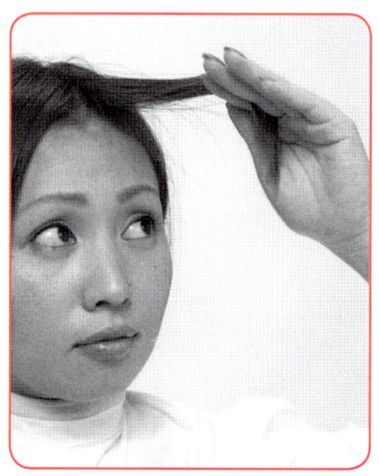

04
3で切った髪をガイドにして左側の髪も切ります。

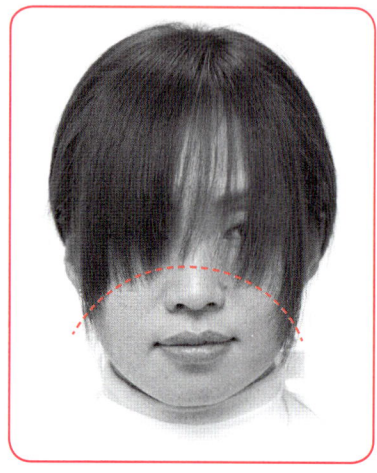

05
前髪がラウンドしました。

STEP 3

仕上げのカット

06
重い部分を少しずつまんで、スキバサミですいてなじませます。スキバサミは下から上に入れ、刃先を外に向けてカット。

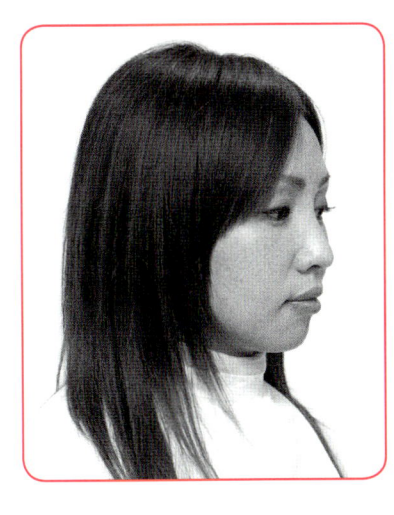

07
サイドの髪と前髪のラインがきれいになじみました。

\After/

【 ラウンドカット 】

顔を包み込むようなラウンド前髪は、小顔効果もバッチリ！
伸びた分だけ小まめにカットして、ラウンドをキープしましょう。

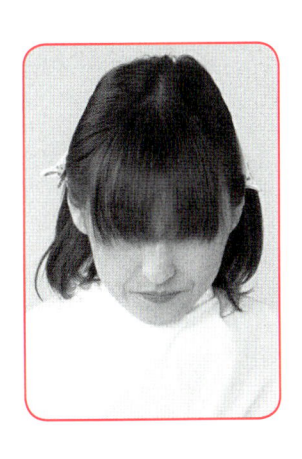

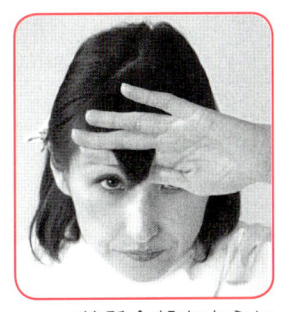

01 前髪全部を中心に集めて切りたい長さを指にはさみます。

02 毛先にハサミを縦に入れて、少しずつカット。

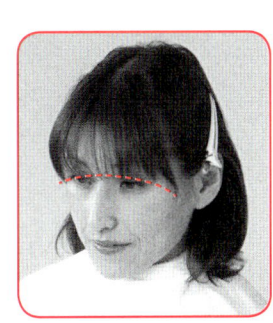

03 完成！両端が長めに残り、きれいにラウンドしています。

57

EXTRA
簡単おしゃれヘアアレンジ

＊アイロンアレンジ❶ママ編＊
＊アイロンアレンジ❷女の子編＊
＊内巻きボブのアレンジ＊
＊レイヤーのアレンジ＊
＊ワックスアレンジ＊

✿ アイロンアレンジ❶ ママ編 ✿

EXTRA

ルーズなふんわり巻き髪のコツは、内巻きと外巻きを交互に巻くこと。アイロン上達は練習あるのみ。がんばって！

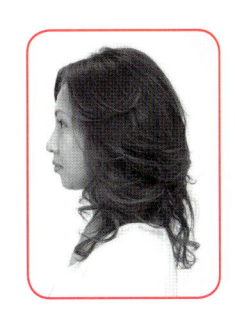

01
さあ、はじめましょう。

02
バックの髪を耳の上でまとめます。

03
＼バックを巻く／
右サイドから巻きます。最初の毛束は内巻き。

04
次の毛束は外巻き。交互に左サイドまで巻きます。

05
1段めが完成。その約5cm上の髪を下ろします。

06
2段め。下にくる1段めと逆の外巻きに巻きます。

07
次の毛束は内巻き。交互に左サイドまで巻きます。

08
もう1段分巻いて、バックが完成。

09
＼2段め&3段めを巻く／
サイドは内巻きから始めます。

10
次の毛束は外巻き。左サイドも同様に巻きます

11
＼表面を巻く／
印象を決める顔まわりは外巻きにして華やかに。

12
顔を倒して空間を作る
中間から毛先にスプレーワックスをつけて、完成！

59

✿ アイロンアレンジ❷ 女の子編 ✿

いつものふたつ結びもアイロンで巻いてから結ぶと、はなやかなおでかけヘアに変身!

01 さあ、はじめましょう。

02 バックの髪を耳の上でまとめます。

03 巻けるところまで交互に巻いていきます。

04 手を入れて首筋をガードしながら巻きます。

05 1段めが完成。2段めも同様に巻きます。

06 サイドも交互に巻いていきます。

07 トップも巻けるところまで巻きます。

08 巻き終わりました。

09 耳より下でルーズにふたつ結びをします。

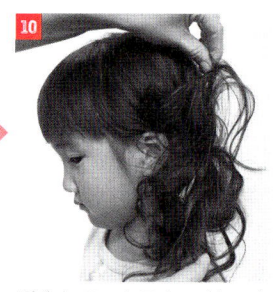

10 毛先にワックスをつけてカールをほぐし、完成!

❀ 内巻きボブのアレンジ ❀

ヘアゴムと結んだ毛束にひと工夫するだけでセンスアップ！
すっきり＆おしゃれなデイリーアレンジです。

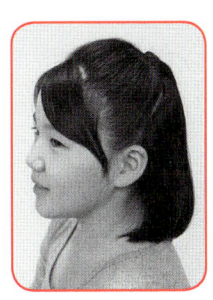

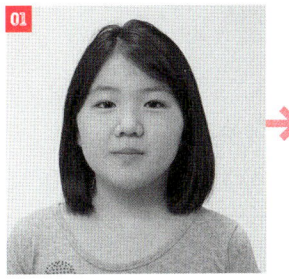

01 さあ、はじめましょう。

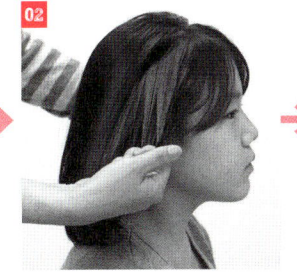

02 前髪を残して、結ぶ面にワックスをつけます。

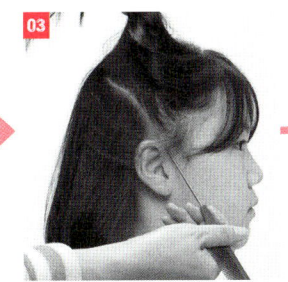

03 耳の上で髪をわけ、結ぶ部分の髪を取ります。

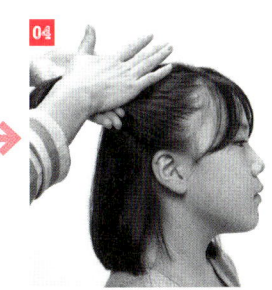

04 結ぶ部分の髪にもう一度ワックスをつけます。

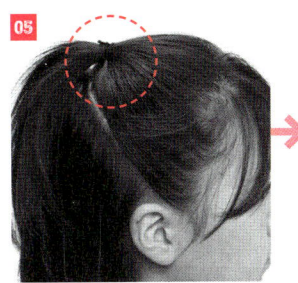

05 髪を結びます。

06 トップの髪をつまんで引っぱり出します。

07 ルーズなふくらみができました。

08 結びめの根元から毛束を引き出します。

09 ヘアゴムに巻きつけます。

10 巻き終わりをアメピンでとめて、完成！

✿ レイヤーのアレンジ ✿

編みこむ場所をかえるだけで、ぐっとおしゃれに。表編みこみをカチューシャ風にアレンジです！

01 さあ、はじめましょう。

02 編みこむ髪を残して耳の後ろで髪をわけます。

03 編みこむ髪にワックスをつけてまとめます。

04 耳の上から表編みこみを始めます。

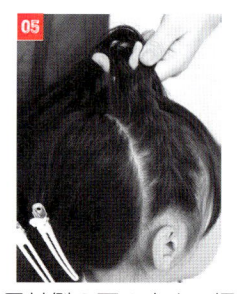

05 反対側の耳の上まで編んでいきます。

06 耳の下は三つ編みで編みます。

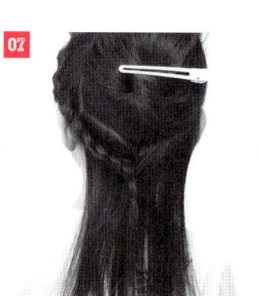

表編み込み / 三つ編み

07 編みこみの毛束とバックの髪を結びます。

08 髪を下ろして、完成！

* 表編みこみ * きれいに編むコツは編みこむ髪の量を常にそろえること！

① 髪を3等分します。
C B A

② BとCの間にAを入れます。
A C B

③ BとDを1つにまとめます。
A C BD

④ B+DをAとCの間に入れます。次はE+AをC+BDの間に入れます。
E A BD C

⑤ 3〜4をくり返して編んでいきます。

62　家中みんなの簡単ヘアカット

❀ ワックスアレンジ ❀

やわらかくて、ボリュームダウンしがちな子どもの髪には、ハードタイプのワックスがおすすめです。

01 さあ、始めましょう。

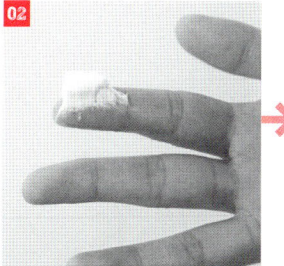

02 ワックスを指先に乗るくらいを出します。

03 手のひらでなじませます。

04 タオルで頭を拭くように髪全体にもみこみます。

05 えり足の内側にもしっかりつけます。

06 手ぐしで全体の形づけをしていきます。

つまんで形をつける

07 毛先をランダムにつまんで形づけて、完成!

◉監修

市川良子（いちかわりょうこ）

ヘア＆メイクアップ・アーティスト

美容師として7年間のサロン経験を経て、ヘアメイクの道へ進む。現在はフリーランスとして雑誌やテレビなど多方面で活躍する傍ら、東京・恵比寿の美容室「egerie（エジェリ）」でヘアメイクやヘアアレンジの技術指導を行っている。子どもから大人まで年齢・性別を問わず、かわいく、かっこよく、おしゃれに仕上げるセンスとテクニックは定評がある。子どもの撮影現場では子どもたちと一緒に盛り上がり、かわいい笑顔を引き出す。A型・蟹座。

◉Staff

撮影	山本 智（Clover-Studio）
ブックデザイン	下舘洋子（ボトムグラフィック）
イラスト	camiyama emi
ヘア技術協力	七木田真太郎（egerie）
撮影協力	内田陽子、帆南、康太 浦田楓真 黒津昭宏、智子、莉華子 佐藤みゆ、るみ 藤野沙綾香、竜也 山本祥太
企画編集	桜井美貴子（株式会社エイブル）
Special thanks	Hair&Make egerie http://www.egeriehair.com/ 加藤一二三 前田実穂

かわいい！ 節約！ スピーディ！
家中みんなの簡単ヘアカット

2010年5月10日　初版発行

■監修者　市川良子
■発行者　川口 渉
■発行所　株式会社アーク出版
　　　　　〒162-0843　東京都新宿区市谷田町2-7　東ビル
　　　　　電話03-5261-4081　FAX03-5206-1273
　　　　　http://www.ark-gr.co.jp/shuppan/
■印刷・製本　三美印刷株式会社

本書掲載のイラスト・写真等を無断で転載することを禁じます。乱丁・落丁の場合はお取替え致します。
©R.Ichikawa 2010 Printed in Japan ISBN978-4-86059-091-8